AF554084

OFFICE SOCIAL DU SILLON

Le Repos hebdomadaire

Solutions intervenues — Solutions proposées
Exemple de l'Étranger

PAR

Max TURMANN,
Docteur ès sciences politiques et économiques,
Professeur au Collège libre des Sciences sociales.

Prix : 0 fr. 40

Franco : 0 fr. 50

AU SILLON
34, Boulevard Raspail, 34
PARIS (VII°)

LE REPOS HEBDOMADAIRE

OFFICE SOCIAL DU SILLON

Le Repos hebdomadaire

Solutions intervenues — Solutions proposées
Exemple de l'Étranger

PAR

Max TURMANN,
Docteur ès sciences politiques et économiques,
Professeur au Collège libre des Sciences sociales.

Prix : 0 fr. 40

Franco : 0 fr. 50

AU SILLON

34, boulevard Raspail, 34
PARIS (VIIe)

Le Repos hebdomadaire

CHAPITRE PREMIER

Les Solutions intervenues en France.

I

La question du repos hebdomadaire est actuellement pendante devant le Parlement : elle va, de nouveau, faire l'objet des délibérations du Sénat ; mais, en attendant qu'une solution législative intervienne, cette question préoccupe vivement les milieux populaires : elle est l'occasion de nombreux meetings ; les syndicats des ouvriers de l'alimentation parisienne s'agitent et la « Confédération générale du travail » prétend transformer cette revendication, éminemment juste et raisonnable, en une revendication révolutionnaire.

Il est à souhaiter que l'on ne laisse pas accaparer par les socialistes une réforme qui répond à un besoin évident. En ne se plaçant qu'à un point de vue purement humain, il serait, en effet, facile de démontrer que le repos hebdomadaire — et nous préciserons en disant le repos du dimanche — est indispensable à l'ouvrier et à l'employé, si l'on veut du moins qu'ils puissent vivre normalement leur vie d'hommes et de citoyens. C'est ce que disait Alphonse Daudet, il y a longtemps déjà, dans une page que nous aimons à citer, car on ne saurait en suspecter la haute inspiration. Parlant donc des ouvriers qui peinent toute la semaine et qui voient arriver le dimanche avec joie, il écrivait : « ...Pour ces prisonniers de la semaine, l'almanach aux grilles serrées s'entr'ouvre, de distance en distance, en espaces lumineux, en prises d'air rafraîchissantes. C'est le dimanche qui constitue pour une foule d'êtres la seule récompense, le seul but aux efforts désespérés de six jours de peine... Si on veut bien connaître le dimanche, il faut le voir surtout aux quartiers laborieux, aux faubourgs enfiévrés, où, dès le matin, on le sent planer, reposant et doux, dans le silence des fabriques, passer avec le bruit des cloches qui met dans l'horizon, tout autour des banlieues, comme un immense chant de délivrance. Alors, on le comprend et on l'aime... Dimanche, je t'exalte et je te bénis pour tout ce que tu donnes de joie, de soulagement au labeur honnête et courageux, pour le rire des enfants qui t'acclament, pour la fierté des mères heureuses d'habiller leurs petits en ton honneur, pour la dignité que tu conserves au logis des plus pauvres... » On reconnaît dans ces lignes l'écrivain plein de cœur, qui, si l'on en juge par les notes intimes publiées au lendemain de sa mort, rêvait du rôle de *marchand de bonheur*...

Mais Alphonse Daudet se faisait peut-être illusion; même à l'époque déjà éloignée où il écrivait, les usines ne chômaient pas, toutes, le dimanche, et déjà on avait ce spectacle douloureux d'ouvriers travaillant des mois entiers sans s'arrêter un seul jour... Ce mal social n'a fait qu'empirer : économistes et législateurs n'ont pu rester indifférents devant une situation qui met en péril les forces nationales en abâtardissant la race. Bien des solutions sont actuellement proposées, mais avant de les examiner, il est bon de rechercher comment la question s'est posée au cours du siècle dernier et comment elle a été résolue.

II

Ayant proclamé la liberté des cultes, la Révolution devait supprimer toutes les dispositions imposant le respect du dimanche. La Convention alla plus loin : elle bouleversa le calendrier, divisant les mois en décades et substituant le décadi au dimanche, mais, au début, elle ne rendit pas obligatoire le repos du dixième jour.

Il y eut même un décret du 7 vendémiaire an IV

qui punit d'un emprisonnement d'un mois à deux ans et d'une amende de 50 à 500 livres celui qui contraignait un citoyen à observer tel ou tel jour de repos. Seulement, beaucoup d'individus ayant continué à chômer le dimanche en manière de protestation, une loi du 17 thermidor an VI imposa le repos, les décadis et les jours de fêtes nationales. Les actes de procédure durent être suspendus ces jours-là, les écoles chômaient, les boutiques et les ateliers même devaient être fermés : bref, tout travail se manifestant par des actes extérieurs fut interdit sous des peines assez graves.

Le Consulat ne voulut pas du décadi obligatoire pour tous les citoyens : un arrêté du 7 thermidor an VIII ne le conserva que pour les autorités constituées, les fonctionnaires publics et les salariés du gouvernement. Les autres citoyens se reposaient le jour qui leur agréait.

Lorsque le Concordat eut fait une place officielle à l'Église dans l'État et lorsque le calendrier grégorien eut été rétabli, le dimanche se substitua tout naturellement au décadi, et le repos dominical, obligatoire pour les fonctionnaires, remplaça le repos obligatoire du dixième jour.

La Restauration ne se contenta pas de cette législation : des raisons d'ordre religieux l'amenèrent à imposer à tous les citoyens le respect du dimanche. Ce fut l'œuvre de la loi du 18 novembre 1814 : désormais, d'après ce texte, étaient défendus aux ouvriers et artisans *tout travail extérieur*, l'étalage, la vente à boutiques ouvertes, le colportage et les chargements. La loi admettait cependant des exceptions en faveur « des pharmaciens, des postes, des messageries et voitures publiques, des entrepreneurs de transport par terre et par eau, des usiniers ayant des industries pour lesquelles l'interruption pouvait être dommageable, ainsi que des ouvriers employés aux récoltes, aux travaux urgents et aux réparations d'une nécessité absolue ». Les contraventions étaient punies d'une amende de quinze francs et de cinq jours de prison.

En somme, cette loi, dictée par une inspiration confessionnelle, n'avait en vue, ainsi que le déclarait le baron Feutrier à la Chambre des pairs, « que la répression des actes extérieurs contraires à l'observation du dimanche ».

Ce caractère valut à la loi de 1814 de nombreuses critiques. Maintes fois, on en demanda l'abrogation ; notamment, sous le second Empire, le gouvernement fût invité, au cours d'une interpellation, à modifier sur ce point notre législation, mais M. Rouher repoussa la mise en demeure. L'administration impériale se contenta de laisser les particuliers complètement libres d'observer ou non le dimanche, mais l'État-Patron fit insérer la prohibition de tout travail dominical dans les cahiers des charges et conditions générales imposées aux entrepreneurs des ponts et chaussées.

A l'Assemblée nationale de 1871, M. Chaurand, député de Lyon, déposa une proposition qui tendait à développer l'application de la loi de 1814, et se basant surtout sur des considérations d'ordre religieux; cette proposition fut repoussée par une majorité de 41 voix.

Cet échec contribua à faire tomber la loi en désuétude : on ne l'appliquait plus lorsqu'elle fut abrogée, le 12 juillet 1880, par un Parlement qui ne voulait pas laisser subsister une disposition légale présentant un caractère confessionnel.

Cette abrogation de 1880 faisait disparaître de notre législation ce qu'on pourrait appeler le *dimanche religieux*. Par contre, nous allons voir apparaître et se développer, dans cette même législation, le *dimanche social*.

III

Cette nouvelle conception du repos dominical se manifeste pour la première fois dans la loi du 22 mars 1841, qui a pour but de protéger les enfants employés dans les manufactures. Elle défendait de faire travailler, le dimanche, les enfants au-dessous de seize ans, dans les manufactures, usines et ateliers à moteurs mécaniques et à feu continu, ainsi que dans les fabriques occupant plus de vingt ouvriers réunis en atelier. Cette loi n'était certes pas excessive : elle fut cependant très violemment combattue et on put entendre, à la Chambre, un député, M. Lestiboudois, s'élever contre elle au nom des principes du libéralisme économique le plus absolu.

« La résolution de réglementer le travail est grave, disait-il ; depuis la suppression des corporations, des maîtrises et des jurandes le régime de liberté absolue est celui de l'industrie : la disposition pleine et entière de son travail appartient à l'ouvrier. »

Sous la République de 1848, nous n'avons à signaler que deux circulaires, l'une de M. de Falloux, ministre des Cultes, l'autre de M. Faucher, ministre des Travaux publics, mais elles ne sont pas sans intérêt ; elles déclaraient, toutes les deux, que l'État, les communes et les départements devaient insérer, dans leurs cahiers des charges, des clauses en vertu desquelles les entrepreneurs s'obligeraient à accorder à leurs ouvriers le repos du dimanche et des jours fériés. Remarquons que MM. de Falloux et Faucher ont devancé sur ce point M. Millerand, qui, dans le décret du 10 août 1899, a formulé nettement pareille obligation, du moins en ce qui concerne les travaux de l'État.

La loi du 22 février 1851 sur le contrat d'apprentissage oblige le maître à ne pas imposer au jeune homme le travail du dimanche et des jours fériés ; on admettait, cependant, que le patron pût faire venir un apprenti le dimanche, jusqu'à dix heures du matin, pour procéder au rangement de l'atelier. Cette tolérance ne fut pas sans donner lieu à de très nombreux abus.

Il nous faut arriver jusqu'en 1874 pour trouver une autre loi qui s'occupe du *dimanche social*. C'est la loi du 3 juin 1874 ; elle ne s'occupe d'ailleurs qu'accessoirement de cette question, car, dans son ensemble, elle est une loi de protection de la jeunesse ouvrière, visant les garçons âgés de moins de seize ans et les filles mineures. Pour ces deux catégories de jeunes gens, la loi prescrit le repos dominical et déclare que le rangement d'atelier rentre dans l'interdiction générale. On voit que cette loi marque un progrès sur celle de 1841 : elle précise l'étendue de ce qu'on doit entendre par repos du dimanche et elle augmente le nombre de ceux qui sont appelés à bénéficier de cette cessation de travail.

Au bout de quelques années, il fût question de modifier la loi de 1874 : on voulait, d'une part, augmenter le nombre des personnes protégées, et, d'autre part, sous la poussée des passions politiques et antireligieuses, on souhaitait faire disparaître la fixation au dimanche du jour de repos obligatoire. Nous entrons dès lors dans une phase nouvelle qui n'est pas encore terminée : on revendique, pour un nombre croissant de salariés, le droit au repos hebdomadaire, mais on s'oppose à toute détermination précise de ce jour de repos.

IV

Les premiers coups à la loi de 1874 furent portés en 1881 : la Chambre des députés vota même un projet de loi réglementant le travail industriel des femmes (il n'est plus question, comme jadis, seulement des filles mineures), et des garçons âgés de moins de dix-huit ans. Une disposition du projet défendait de les employer plus de six jours par semaine : c'était le principe du repos hebdomadaire, sans date fixe, substitué au repos dominical.

Le Sénat ne se décida pas à suivre la Chambre et à voter une loi protégeant toutes les femmes travaillant dans les manufactures et les usines.

Le débat fut repris en 1888 ; durant quatre années, le projet qui devait devenir la loi du 2 novembre 1892 fit la navette entre le Palais-Bourbon et le Luxembourg.

Au point de vue spécial qui nous occupe, le projet discuté en 1888 rappelait les dispositions du projet qui avait échoué en 1881 : repos hebdomadaire, obligatoire pour toutes les femmes et les garçons âgés de moins de dix-huit ans, employés dans les usines, manufactures et mines, mais aucune indication dans la loi pour le jour de ce repos rendu obligatoire.

C'est en vain que Mgr Freppel, MM. de Mun, Boreau-Lajanadie, Le Guen, Chesnelong, Jules

Simon et Léon Say luttèrent pour faire décider que ce jour serait fixé au dimanche.

L'évêque d'Angers n'avait pas eu de peine à démontrer que la liberté de conscience ne serait nullement violée par le choix du dimanche. Pour Mgr Freppel, il ne pouvait y avoir qu'une objection sérieuse et le prélat se déclarait disposé à voter une exception en faveur des israélites. Un autre député, M. Boreau-Lajanadie acheva la démonstration : « Je connais, dit-il, des religions qui défendent le travail du dimanche, je n'en connais pas qui l'imposent : quant aux libres penseurs, peu leur importe, je suppose, de se reposer le dimanche ou le lundi. » Il n'y avait rien à répondre à cette argumentation ; il n'y avait pas davantage à répondre aux discours de MM. Jules Simon et Léon Say, rappelant qu'en mars 1890, à la conférence de Berlin, le sénateur Tolain, délégué de la France, avait fait la proposition suivante : « Le repos hebdomadaire pour les enfants et les femmes protégés par la loi est fixé au dimanche. » On put même invoquer un vote du Conseil municipal de Paris, en date du 26 décembre 1890, supprimant le travail du dimanche pour les ouvriers égoutiers de la capitale, et cela sans qu'aucune voix se soit élevée pour protester contre cette déclaration du rapporteur socialiste, le citoyen Vaillant : « Ici, nous sommes tous partisans du repos du dimanche. »

Mais les meilleurs des arguments vinrent se briser contre les passions de la majorité anticléricale : suivant le mot de Léon Say, on refusa de

« mettre la loi en harmonie avec les mœurs séculaires de notre pays ».

L'article 5 de cette loi, consacré au travail des femmes et des enfants, formula l'obligation du repos hebdomadaire. Voici ce texte, qui est encore en vigueur :

Les enfants âgés de moins de dix-huit ans et les femmes de tout âge ne pourront être employés dans les établissements énumérés à l'article 1er (1) plus de six jours par semaine, ni les jours de fêtes reconnus par la loi, même pour rangement d'atelier. Une affiche apposée dans les ateliers indiquera le jour adopté.

Ainsi donc, de par cet article, le repos hebdomadaire est assuré aux ouvrières et aux jeunes ouvriers, mais le fait de ne pas avoir indiqué le dimanche entraîne des conséquences bizarres et regrettables : ainsi un patron peut obliger tout son personnel féminin à travailler le dimanche de Pâques (puisqu'il est libre de faire choix d'un autre jour de repos que le dimanche), mais, ce même personnel, il ne pourra point le faire venir à ses ateliers le lundi de Pâques, qui est un jour férié légal.

Chaque patron peut fixer le jour de repos qui lui convient, et ce jour peut n'être pas le même pour toutes les personnes protégées par la loi. Je connais

(1) Voici cette énumération : « ... les usines, manufactures, mines, minières et carrières, chantiers, ateliers et leurs dépendances, de quelque nature que ce soit, publics ou privés, laïques ou religieux, même lorsque ces établissements ont un caractère d'enseignement professionnel ou de bienfaisance. »

des ateliers où, chaque jour de la semaine, il y a des ouvriers qui prennent leur repos réglementaire. Dans ce cas, l'obligation que la loi impose au patron de placarder dans ses ateliers une affiche indiquant le jour fixé a pour but de permettre aux inspecteurs du travail de contrôler si la prescription du repos hebdomadaire est réellement observée.

Les ouvriers et ouvrières protégés doivent bénéficier pendant le jour de repos hebdomadaire de la plus grande liberté. On ne peut les garder, ni pour ranger l'atelier, ni pour recevoir des clients, même sans les astreindre à un travail quelconque : ainsi en a décidé la Cour de cassation (1).

Toutefois, la loi de 1892 donne à l'inspecteur divisionnaire le droit d'autoriser les industriels de certaines catégories (2) à déroger temporairement à l'obligation du repos hebdomadaire, et les patrons, ainsi que nous le verrons, usent largement de cette faculté inscrite dans la loi.

V

Pour se faire une idée exacte de la façon dont la question du repos hebdomadaire se pose aujourd'hui, il y a lieu de se demander si cette loi de 1892 est généralement respectée dans le monde de l'industrie.

(1) Arrêt du 27 mai 1898.

(2) Ces catégories ont été établies par le décret du 15 juillet 1893 modifié par les décrets du 29 juillet 1895 et du 14 août 1903.

Nous trouverons la réponse dans les documents officiels et nous en emprunterons les termes principalement au dernier rapport de la *Commission supérieure du travail dans l'industrie*, présidée par M. Richard Waddington (1).

Tout d'abord, le rapport constate qu'il n'existe « que de fort rares exceptions au choix du dimanche comme jour de repos hebdomadaire ».

On cite, seulement dans la circonscription de Limoges, des fabriques de porcelaine où le repos hebdomadaire peut varier suivant le jour de la mise au four. « Au moment d'être mise au four, la porcelaine subit un retouchage ; ce sont des femmes qui procèdent à cette opération ; or, lorsque la mise au four l'exige, ce qui arrive parfois le dimanche, l'inspecteur est avisé que le repos sera reporté au lundi pour ces ouvriers ; cette pratique, nécessitée par l'organisation du travail, est usitée dans toutes les régions à porcelaine (Cher, Indre, Haute-Vienne); un seul fabricant de porcelaine a ainsi modifié trente-trois fois, en 1903, le jour du repos pour dix-huit retoucheuses. »

Le rapport note qu'en différentes régions, des blanchisseuses, des modistes, des entrepreneurs de ramonage, des réparateurs de bicyclettes ont choisi pour le repos réglementaire un autre jour que le dimanche. Quelquefois le repos hebdomadaire est accordé par roulement. Ainsi, à Bordeaux, dans les

(1) Ce rapport, adressé au président de la République, est publié dans le *Journal officiel* du 4 août 1904.

blanchisseries de fin et dans les métiers de l'aiguille, il arrive fréquemment que le personnel soit divisé en trois équipes, ayant chacune un jour de repos différent ; les noms des personnes comprenant l'équipe et le jour de repos de cette équipe sont affichés dans les ateliers, de sorte qu'aucune confusion n'est possible.

Un inspecteur du travail de la circonscription de Rouen signale un usage qui permet à certains industriels de supprimer le repos des jours fériés. « Quand arrive une semaine avec fête légale qui doit interrompre le travail, écrit-il, chaque usine qui ne désire chômer qu'un seul jour sur sept, nous informe par lettre qu'elle reportera le jour de repos à la date de la fête et travaillera, en conséquence, le dimanche qui précède.

« Cette pratique, conclut notre inspecteur, n'est assurément pas conforme aux intentions du législateur, mais nous ne voyons qu'un moyen simple et efficace d'y mettre un terme, c'est de rétablir dans le texte de la loi le dimanche comme jour de repos hebdomadaire. »

Le rapport nous renseigne ensuite sur les contraventions relevées par les inspecteurs pour inobservation du repos hebdomadaire et du repos des fêtes légales. Ces contraventions ont atteint, en 1903, le chiffre de 3,034, en augmentation de près d'un millier sur le chiffre de 1902.

Parmi les industries qui ont été l'objet des contraventions les plus nombreuses, nous relevons les divers métiers de l'aiguille (547 contraventions), les verreries (392), les blanchisseries (317), les tissages de coton (141), les plâtrières (125), etc. Ce sont naturellement les industries où le personnel féminin est surtout employé, puisque pour les hommes ils ne sont soumis au repos hebdomadaire que jusqu'à l'âge de dix-huit ans.

Le rapport officiel nous donne ensuite des indications fort intéressantes sur les tolérances temporairement accordées par les inspecteurs du travail. Une circulaire du 17 mai 1900 a limité à quinze le nombre de jours de repos hebdomadaire qui peuvent être annuellement suspendus. Ainsi que nous le disions, les industriels ont assez largement usé de cette tolérance inscrite dans la loi. Voici, en effet, le tableau concernant les dérogations accordées par les inspecteurs depuis 1900 :

Années.	Établissements.	Jours de repos hebdomadaire non chômés	
		Par des enfants de moins de 18 ans.	Par des femmes adultes.
1900.........	1.309	40 229	126.173
1901.........	1.491	36.766	123.213
1902.........	2.091	37.969	133.968
1903........	2.525	38.910	168.900

Les industries qui ont le plus fréquemment obtenu la suppression temporaire du repos légal sont les blanchisseries de fin (1,036 établissements), les métiers de l'aiguille (428), les imprimeries (183) et les fabriques de conserves (146).

Du rapport au président de la République, il résulte que, dans l'ensemble, les prescriptions de la loi de 1892, relatives au repos hebdomadaire et au repos des jours fériés, sont relativement bien observées.

C'est là un point d'importance.

Mais cette loi de 1892 ne touche qu'une partie du personnel industriel : les femmes et les enfants âgés de moins de dix-huit ans (1); de plus, elle laisse en dehors de son action protectrice toutes les personnes, même les femmes et les enfants, qui gagnent leur vie dans le commerce.

Aussi, de différents côtés, a-t-on demandé que le repos hebdomadaire fût assuré à la fois à tous les ouvriers de l'industrie et à tous les employés de commerce, sans distinction d'âge ni de sexe. C'est dans ces termes que la question se pose aujourd'hui dans notre pays.

La Chambre, dans le texte adopté par elle le 27 mars 1902, a proclamé cette extension, en admettant de nombreuses exceptions ; à son tour, en novembre dernier, le Conseil supérieur du travail s'est prononcé dans le même sens, mais en supprimant toute exception, et il a même proposé de fixer au dimanche le jour de repos réglementaire. La parole est maintenant au Sénat.

(1) Il y a cependant un cas où les ouvriers âgés de plus de dix-huit ans bénéficient du repos hebdomadaire : c'est celui qui est visé par le décret du 10 août 1899 sur les conditions du travail passées au nom de l'État. Aux termes de ce décret, l'entrepreneur qui traite avec l'Etat est tenu d'accorder un jour de repos par semaine aux ouvriers et employés. Cette clause, obligatoire pour les travaux de l'État, est facultative pour les travaux des départements et des communes en vertu d'autres décrets de la même date visant spécialement ces travaux.

CHAPITRE II

Les Solutions proposées.

I

La question du repos hebdomadaire est « à l'ordre du jour de l'opinion publique ». M. Cheysson le constatait, il y a quelque temps, au cours d'un congrès réuni spécialement (1) pour étudier le problème du repos dominical : « ... On tenterait en vain de lui barrer la route; elle est en quelque sorte lancée; elle ressemble à l'une de ces roches qui, restées longtemps immobiles au sommet de la montagne, commencent à se détacher un jour, glissent, puis roulent, puis bondissent, et qui écraseraient tout sur leur passage si l'on cherchait à les arrêter dans leur course impétueuse. C'est là que nous en sommes pour le repos du dimanche. Tout le porte aujourd'hui. Ses défenseurs attitrés, qui ressemblaient autrefois à « la voix criant dans le désert », ont des auxiliaires qui leur arrivent de tous les côtés.

(1) *Congrès du repos du dimanche dans l'industrie du bâtiment à Paris* (décembre 1902). Cf. Compte rendu, p. 74 et suiv.

Il figure maintenant dans tous les programmes démocratiques sous le déguisement du « repos heb- « domadaire ». Les masses profondes commencent à s'agiter pour le conquérir. »

Et M. Cheysson ajoutait : « ... Tout comme le mouvement perpétuel, le travail perpétuel est une chimère et un non-sens économique. Les peuples qui pratiquent scrupuleusement le repos du dimanche comme l'Angleterre, ne sont certainement pas nos concurrents les moins redoutables sur les marchés du monde. » Un grand historien, Macaulay, attribue même en partie à ce repos la supériorité de l'industrie et du commerce britanniques. « Nous, Anglais, dit-il, ne sommes pas plus pauvres, mais plus riches parce que, depuis des siècles, nous donnons au repos un jour sur sept. Cette journée-là n'est pas perdue. Pendant que l'industrie s'arrête, que la charrue repose dans le sillon, que la Bourse est silencieuse, que la fabrique laisse éteindre ses fourneaux, il se fait un travail tout aussi important au bien-être des nations que celui qui s'accomplit dans les jours ouvrables. L'homme, cette machine des machines, auprès de laquelle celle des Watt et des Arkwright sont des inventions futiles, répare ses forces, se remonte et retourne le lundi à son travail avec l'esprit plus lucide, le cœur plus satisfait et une nouvelle vigueur physique. » Cette pensée de Macaulay est toujours profondément vraie ; elle l'est peut-être plus encore aujourd'hui que de son temps par suite des progrès de la démocratie. Jadis, l'ouvrier se courbait passivement devant le sort et ne songeait pas que les choses pussent être autres que celles que ses pères et lui avaient toujours supportées. Il n'en est plus de même aujourd'hui : il a perdu sa patience et sa résignation, il s'indigne, il s'irrite devant un abus et il en exige le redressement.

M. Cheysson avait mille fois raison de constater le mouvement d'opinion qui s'est produit, depuis quelques années, pour faire accorder aux employés et aux ouvriers le repos du dimanche. Ce mouvement est dû à des causes multiples, au premier rang desquelles nous devons mettre la tenue de plusieurs congrès et l'intelligente activité de deux sociétés : *l'Association pour le repos et la sanctification du dimanche, la Ligue populaire pour le repos du dimanche.*

II

Il ne sera pas sans intérêt de rappeler les principaux congrès qui, en ces temps derniers, ont posé devant le public la question du repos du septième jour et ont essayé de la résoudre : leurs décisions n'ont pas été sans influer sur les votes émis au Parlement français.

Le premier congrès que nous mentionnerons est le Congrès international pour le repos hebdomadaire au point de vue hygiénique et social, qui se tint à Paris en 1889, lors de l'Exposition universelle. Les organisateurs désiraient intituler leurs réunions « Congrès du repos du dimanche », mais ils ne reçurent d'autorisation officielle qu'à la condition de substituer, dans le titre, les mots de repos hebdomadaire aux termes trop « cléricaux », de repos du dimanche. Ils s'inclinèrent. « Ce congrès, remarque M. le vicomte H. Sébastiani qui a écrit une thèse très documentée sur la question du repos hebdomadaire dans l'industrie, ce congrès est très important en ce sens qu'il fit voir à beaucoup de personnes que le point de vue religieux n'était que l'une des questions à envisager dans le repos du dimanche. D'autres questions : santé des travailleurs, développement de leur instruction, vie de famille rendue possible par cette journée de liberté, pouvaient, celles-là, réunir sur un terrain neutre toutes les bonnes volontés. » Ce congrès devait se survivre en quelque sorte à lui-même dans la Ligue populaire pour le repos du dimanche, à l'origine de laquelle nous trouvons les noms de Jules Simon et de Léon Say.

Depuis 1889, nombre de congrès nationaux et internationaux se sont tenus en France et à l'étranger, relativement à cette question du repos hebdomadaire (1) ; au cours des débats, on a été généralement unanime pour proclamer les bienfaits sociaux du repos dominical, mais on a différé d'opinion sur les moyens à employer afin d'en assurer le respect : les uns attendent tout de la propagande individuelle et du mouvement des idées ; les autres admettent

(1) Nous signalerons notamment le Congrès des œuvres sociales (Liège, 8 septembre 1890), Congrès national du repos du dimanche (10 février 1892), Congrès de la protection ouvrière (Zurich, août 1897). Congrès international pour le repos du dimanche (Bruxelles, juillet 1897), Congrès international du repos du dimanche (Paris, octobre 1900).

que l'on fasse payer le travail du dimanche à un tarif double du travail des autres jours de la semaine; enfin un très grand nombre de personnes reconnaissent qu'en pareille matière, l'initiative privée doit être aidée et soutenue par le législateur.

Le repos obligatoire du dimanche a surtout gagné des partisans dans le monde des employés de commerce, qui a constaté les trop fréquents échecs des entreprises les plus généreuses : pour faire obstacle à la décision de presque tous les patrons, il suffit, dans une localité, de l'entêtement d'un seul individu tenant à garder ouverte sa boutique. Je pourrais citer une grande ville dans laquelle une *centaine* de directeurs de magasins de confections s'étaient mis d'accord pour fermer le dimanche : mais l'opposition d'une *unique* maison a réduit à néant la bonne volonté des quatre-vingt-dix-neuf autres. Dans ces conditions, on comprend que l'on ait songé à demander aux pouvoirs publics d'intervenir. C'est pour répondre aux desiderata exprimés par les syndicats d'employés de commerce que, le 6 avril 1900, un député du groupe socialiste, M. Zévaès, déposait une proposition de loi.

Cette proposition, transformée et considérablement élargie (1) par la commission dont M. Georges Berry fut le rapporteur, a été votée, le 27 mars 1902, par 422 voix contre 10. Elle est aujourd'hui pendante devant le Sénat.

(1) Elle a été étendue à tous les ouvriers et employés, de l'un et l'autre sexe, sans distinction d'âge.

III

Au Luxembourg, quatre projets sont actuellement en présence.

Ce sont, en suivant l'ordre chronologique : 1° la proposition de loi votée à la Chambre le 27 mars 1902 ; 2° la proposition élaborée par le Conseil supérieur du travail, durant la session de novembre 1904 (1) ; 3° le contre-projet déposé, il y a quelques semaines, au Sénat par M. Emile Labiche ; 4° enfin la proposition tout récemment adoptée par la Commission sénatoriale et qui vient d'être rapportée par M. Poirrier, sénateur de la Seine.

La proposition de M. Labiche se distingue des trois autres en ce qu'elle n'institue pas le repos hebdomadaire obligatoire. Certes, son auteur reconnaît les avantages et même la nécessité de ce repos, mais il ne veut pas d'une obligation inscrite dans la loi ; il préfère s'en remettre au progrès des mœurs ; au besoin, cependant, il accepterait une réglementation locale. Si, dit-il, dans une commune, les trois quarts des chefs des établissements

(1) La partie importante de cette proposition a été reprise à titre de contre-projet par MM. de Las Cases, de Lamarzelle, Destieux-Junca, et plusieurs autres sénateurs appartenant aux divers groupes politiques de l'Assemblée. De plus, M. Monis a déposé une proposition qui reproduit les dispositions essentielles du texte du Conseil supérieur du Travail : c'est cette proposition qui semble devoir être adoptée par le Sénat, bien qu'elle soit combattue par la Commission. MM. de Las-Cases et ses co-signataires s'y sont d'ailleurs ralliés pour faire triompher le principe du repos dominical.

industriels intéressés demandent qu'on réglemente le repos hebdomadaire, le maire, d'accord avec le conseil municipal, *pourrait* prendre des arrêtés, puis prescrire la cessation du travail pendant tout ou partie d'un jour par semaine.

Voici d'ailleurs le texte de l'article 1er, qui est l'article essentiel du contre-projet de M. Labiche :

Article premier. — Afin d'assurer, autant que possible, aux employés et aux ouvriers de commerce et d'industrie une part de repos hebdomadaire, le Maire, et à Paris le Préfet, d'accord avec le Conseil municipal, et après avis des Chambres syndicales, patronales et ouvrières, peuvent prendre des arrêtés pour prescrire la cessation du travail pendant tout ou partie d'un jour par semaine.

Ces arrêtés pourront être pris lorsque les trois quarts des chefs des établissements intéressés auront fait la demande de la réglementation hebdomadaire des heures de repos.

Ces arrêtés pourront être rapportés lorsque la majorité sus-indiquée en demandera le retrait.

Les arrêtés municipaux détermineront les conditions du préavis qui devra être adressé à l'inspecteur du travail en cas de dérogation exceptionnelle à la réglementation prescrite par les arrêtés municipaux.

Les arrêtés des Maires seront soumis à l'approbation du Préfet.

Ainsi donc, M. Labiche établit seulement la *possibilité* du repos hebdomadaire : il en subordonne l'obligation à l'acceptation des trois quarts des industriels de la localité et à la décision conforme du maire de la commune. Il n'est pas question de l'opinion des ouvriers et des employés qui sont cependant intéressés dans l'affaire. L'adoption de ce texte ne changerait pas grand'chose à l'état de chose actuel.

Il n'en irait pas de même avec l'adoption d'un des trois autres projets : tous les trois posent, en effet, dans leur premier article, le principe du repos obligatoire.

Voici notamment ce que propose la majorité de la Commission sénatoriale :

Il est interdit d'occuper plus de six jours par semaine un même ouvrier ou employé de l'un ou l'autre sexe dans un établissement quelconque, industriel ou commercial, ou ses dépendances, de quelque nature qu'il soit, public ou privé, laïque ou religieux, même lorsqu'il a un caractère d'enseignement professionnel ou de bienfaisance.

Le repos hebdomadaire devra avoir une durée de vingt-quatre heures consécutives.

Tel est le principe sur lequel la Chambre, le Conseil supérieur du travail et la Commission sénatoriale sont à peu près d'accord : *le repos hebdomadaire devra être assuré à tous les ouvriers et employés, sans distinction d'âge ou de sexe.*

Mais l'accord cesse dès que l'on passe à l'application de ce principe.

IV

La première divergence que nous constatons — et la plus importante — porte sur la question de la *fixation du jour de repos.*

Le texte voté par la Chambre ne contient aucune indication pour le choix de ce jour : chaque patron reste libre d'adopter la date qu'il préfère et il peut installer un roulement entre ses ouvriers, de telle sorte que son usine ou son magasin ne soit jamais fermé. C'est, en somme, le système de la loi de 1892.

Ce système présente de graves inconvénients, qui ont été vigoureusement indiqués au Conseil supérieur. D'abord, cette diversité des jours de repos pour chaque ouvrier et employé compliquerait la surveillance des inspecteurs du travail : elle la rendrait même très souvent à peu près impossible. Pourquoi dès lors faire une loi si l'on sait *a priori* qu'il sera des plus faciles de violer les règlements ? Mais il est une objection plus forte : chaque ouvrier et chaque ouvrière étant libres à des jours différents et variables, au gré du chef d'entreprise, on voit qu'une famille de travailleurs aura peut-être rarement la joie de se trouver réunie un même jour de congé : la mère sera à l'usine le lundi, tandis que le fils aîné aura congé ce jour-là ; le père se reposera le mardi, la fille le mercredi et ainsi de suite. Un tel régime achèvera de désorganiser la famille ouvrière, en supprimant toute vie familiale.

Les inconvénients de ce système ont donc décidé le Conseil supérieur du travail à rechercher une autre solution. Voici celle qu'il a adoptée :

Le repos hebdomadaire pourra être *collectif* ou *alternatif*.

Le *repos collectif* sera *fixé au dimanche.*

Le *repos alternatif* comprendra le dimanche comme

les autres jours de la semaine ; ce système, dit de roulement, ne sera consenti qu'aux établissements pour lesquels il sera établi que le repos pour la totalité du personnel au même jour serait préjudiciable soit aux établissements eux-mêmes, soit au public.

Des décrets rendus en la forme de règlement d'administration publique, après avis de la commission permanente du Conseil supérieur du travail, détermineront les professions ou les catégories d'ouvriers et d'employés des deux sexes dans lesquelles le repos hebdomadaire pourra être organisé par roulement.

Pour le Conseil supérieur, la règle devrait être le repos collectif fixé au dimanche, l'exception le repos alternatif ou par roulement. Le Conseil estime, en effet, que ce régime seul assurerait l'observation complète du repos hebdomadaire : il permettrait, en effet, une exacte surveillance et, d'autre part, conforme aux traditions de notre pays, il respecterait la liberté de conscience et faciliterait aux ouvriers les réunions de famille.

Le Conseil supérieur va plus loin et souhaite que, durant une partie tout au moins du dimanche, les magasins puissent être fermés ; ils le seraient obligatoirement sur la demande des deux tiers des chefs de maisons intéressées.

Voici, en effet, l'article qu'il propose à ce sujet :

Art. 3. — Le Conseil municipal pourra, sur la demande des deux tiers des chefs des maisons intéressées, décider la fermeture, les dimanches et jours fériés, pour toute la journée ou une partie de la journée, de tous les magasins ou d'une catégorie déterminée des magasins de la commune.

On le voit donc, le système de la Chambre et celui du Conseil supérieur diffèrent profondément en ce qui concerne la fixation du jour de repos. La majorité de la Commission sénatoriale s'est efforcée de trouver une solution moyenne ; elle a voulu donner satisfaction aux divers intérêts en présence.

Les délégués des employés entendus par elle, les vœux qu'elle a reçus de nombreux syndicats et de fédérations de syndicats d'employés de différentes villes sont unanimes à demander que le repos hebdomadaire soit collectif et fixé au dimanche. C'est dans ce sens également que se sont prononcés la Chambre de commerce de Versailles, de nombreux conseils généraux et plusieurs associations patronales comme la Chambre syndicale des bazars, magasins et galeries de Paris, l'Association des commerçants de la ville d'Angoulême, etc.

Par contre, quelques groupements des ouvriers de l'alimentation et un certain nombre de syndicats patronaux ont combattu la fixation du repos au dimanche.

La Commission fut fortement impressionnée par les manifestations très nettes de la grande majorité des délégués ouvriers ou employés en faveur du repos dominical. M. Poirrier le dit expressément dans son rapport. Il ajoute même : « Votre Commission est convaincue que le repos du dimanche est de beaucoup préférable au point de vue moral et social à celui des autres jours. C'est le dimanche, en effet, qui est généralement adopté, pour le repos en France comme à l'étranger. Le repos des fonctionnaires publics est fixé au dimanche par la loi de germinal an X, article 57. Les caisses publiques et privées, les écoles, la plupart des établissements industriels, même le plus grand nombre des magasins de détail, sont fermés le dimanche. C'est le jour où le père de famille peut se retrouver au foyer avec sa femme et ses enfants, réunir dans la demeure ses parents, ses amis, oublier les soucis de l'atelier, du comptoir, au milieu de la joie d'une foule qui se promène par une belle journée ensoleillée. Le dimanche est en général le jour où l'on exerce ses droits de citoyen, où le croyant peut remplir ses devoirs religieux. Comme le dit le rapport du Conseil supérieur du travail : « L'homme est aussi un être social. A ce « titre, il a des besoins qui, pour être moins impé- « rieux, sont cependant les plus nobles de sa nature. « Pour satisfaire ces derniers, il faut nécessairement « suspendre le travail, et le suspendre le même « jour pour tous, du moins dans toute la mesure « du possible. L'usage universel et séculaire du « repos du dimanche répond donc, non seulement « à des besoins physiques, mais encore à des ten- « dances sociales et morales qui, de plus en plus et « en dehors de toute pensée religieuse, deviennent « pour l'homme un véritable besoin. » La Commission, remarque enfin M. Poirrier, n'ignorait aucune de ces considérations et attachait aux vœux nombreux que nous rappelons plus haut (les vœux en faveur du dimanche) toute l'importance qu'ils méritent. »

Si donc la Commission sénatoriale était en de telles dispositions d'esprit, on est en droit de s'étonner qu'elle n'ait pas traduit, dans le texte proposé par elle, ce qui lui semblait préférable à tous les points de vue. Elle ne l'a point fait parce que, suivant elle, les exceptions eussent été trop nombreuses et impossibles à fixer : il est curieux de constater que le Conseil supérieur, composé en très grande partie de personnes appartenant à l'industrie, n'a pas eu le scrupule qui a arrêté une commission où les compétences professionnelles ne formaient peut-être pas la majorité.

Voici donc le moyen terme que la commission sénatoriale propose entre le système de la Chambre et celui du Conseil supérieur du travail : le repos ne sera collectif et le jour n'en sera fixé par le maire que *s'il y a accord entre les quatre cinquièmes* (1) *des chefs de maison d'une même commune, exerçant le même commerce ou la même industrie*: encore est-il bon de noter que le maire ne sera jamais tenu de prendre cet arrêté prescrivant la cessation du travail; il en aura seulement la faculté, après avoir entendu *tous* les chefs des maisons intéressées.

On voit donc que, dans l'application pratique, il

(1) L'arrêté du maire sera pris sur la demande des *trois quarts* des chefs de maisons s'il n'existe dans la localité que quatre établissements exerçant le même commerce ou la même industrie, et des deux tiers s'il n'en existe que trois. Les arrêtés devront être rapportés par le maire lorsque la majorité sus-indiquée des intéressés en demandera le retrait.

y a de profondes différences entre les trois projets qui, cependant, formulent le même principe de l'obligation du repos hebdomadaire.

Ce ne sont pas les seules divergences.

Il en est d'autres fort importantes en ce qui concerne les exceptions et dérogations, ce qui est un point capital par où l'on peut considérablement restreindre la portée de la loi.

V

Le contre-projet Labiche ne comporte pas d'exceptions, puisqu'il n'impose pas d'obligation générale. Mais les trois autres propositions, voulant tenir compte des nécessités de la vie industrielle et de la vie sociale, admettent des dérogations.

Elles sont beaucoup moins nombreuses dans le texte du Conseil supérieur, qui s'est surtout préoccupé de généraliser le repos hebdomadaire.

Il déclare tout d'abord que, « dans les communes de moins de 3,000 habitants, pour les établissements admis au roulement et occupant moins de quatre ouvriers et employés, le repos d'une journée par semaine pourra être remplacé par deux repos d'une demi-journée, pris l'un le matin, l'autre le soir. »

Il a également accepté une dérogation à la règle du repos obligatoire dans les cas de force majeure : « En cas de travaux urgents, dont l'exécution immédiate est nécessaire pour organiser des mesures de sauvetage, pour prévenir des accidents imminents ou réparer des accidents survenus au matériel, aux installations ou aux bâtiments de l'établissement, le repos hebdomadaire pourra être suspendu, pour le personnel nécessaire à l'exécution, par lettre ou par télégramme à l'inspecteur du travail ; si, après explications échangées, les exceptions notifiées ne lui paraissent pas justifiées, celui-ci en avisera le chef d'établissement. »

Le Conseil supérieur du travail n'admet donc comme exceptions possibles que celles provenant d'un cas de force majeure : dans toutes les autres hypothèses, les chefs d'industrie et les patrons doivent accorder à leur personnel un jour de repos par semaine.

Le projet de le Chambre et celui de la commission sénatoriale admettent au contraire, tous les deux, de très nombreuses et fort importantes dérogations au principe général : on rencontre, dans ces textes, moins la préoccupation d'assurer le repos hebdomadaire que celle de ne pas rendre la loi trop lourde aux industriels et commerçants. Mais les deux textes parlementaires diffèrent dans les procédés adoptés pour atteindre un semblable résultat.

La proposition de la Chambre accorde au maire le pouvoir de dresser la liste des exceptions. Voici, en effet, l'article 2 du projet voté au Palais-Bourbon :

Art. 2. — Le Maire et, à Paris, le Préfet, d'accord avec le Conseil municipal, sont chargés, après avis des Chambres syndicales patronales et ouvrières, de dresser la liste des exceptions qu'il y aura lieu d'établir suivant les nécessités du commerce et des industries de la localité.

Les Maires pourront autoriser, dans l'étendue de leur commune, des dérogations à la présente loi, mais sous la réserve que ces dérogations bénéficieront à tous les établissements de même nature.

La commission sénatoriale n'a pas voulu adopter ce système qui risquerait « de livrer la vie industrielle et commerciale du pays aux fantaisies et à l'arbitraire de l'autorité locale », sans parler de l'immixtion, autrement grave, de la politique dans un domaine où celle-ci n'a que faire. Aussi la commission propose-t-elle de laisser à des règlements d'administration publique le soin de formuler les dérogations à la règle du repos hebdomadaire.

Mais la commission juge utile d'indiquer dans la loi les industries qui pourront bénéficier de ces dérogations. Ce sont les suivantes :

Les industries dont les travaux s'exécutent en plein air et dont les ouvriers se trouvent obligés par les intempéries à des repos forcés (1) ; les industries qui ne travaillent qu'à certaines époques de l'année ; celles qui emploient des matières périssables ; celles qui ont à répondre dans certaines saisons à une affluence de travail ;

Les établissements de consommation sur place ;

Les industries de produits alimentaires et les magasins de vente de ces produits ;

Les entreprises dont le travail ou l'exploitation

(1) D'après la commission sénatoriale, ces repos devront venir au cours de chaque mois en déduction des jours de repos hebdomadaire mensuels.

ne peuvent être interrompus : hauts fourneaux, hôtels, etc ;

Les entreprises de transport par terre ; les entreprises de chargement et de déchargement ;

Les services publics de l'État, des départements et des communes.

Les exceptions, on le voit, seront nombreuses, et, comme le désire la Commission sénatoriale, la loi, si elle était votée dans ces termes, présenterait une particulière « souplesse ». Cependant, les sénateurs ont tenu à préciser les limites dans lesquelles les dérogations peuvent être accordées. « Ces dérogations, déclare la proposition de la Commission, pourraient consister dans l'autorisation donnée aux dites entreprises : de substituer au repos hebdomadaire d'un jour complet deux demi-journées représentant ensemble la durée d'une journée complète de travail ; de réduire de quinze au plus le nombre des jours de repos hebdomadaire annuels ou de remplacer, au cours de l'année, quinze jours au plus de repos hebdomadaire par un ou deux congés de cette durée totale. Toutefois, dans ces deux cas, l'ouvrier devra jouir d'au moins deux jours de repos par mois, sauf pendant deux mois non consécutifs où l'ouvrier pourra ne jouir que d'un jour de repos. » Enfin, des règlements d'administration publique pourront apporter des dérogations particulières au repos des spécialistes employés dans des entreprises comme celle des hauts fourneaux ou comme celle des hôtels, dont la nature même du travail ou du genre d'exploitation ne souffre pas d'interruption.

Des dérogations spéciales pourront également être apportées au repos des ouvriers et employés qui sont occupés à l'entretien et au nettoyage des machines motrices, des générateurs et des métiers, outils et machines, des magasins et ateliers, ou à des travaux urgents de réparation et d'entretien, et dans tous les cas de force majeure.

Le législateur français se trouve donc en présence de quatre projets très différents.

Un seul, celui de M. le sénateur Labiche, ne formule pas le principe de l'obligation et, nous le répétons, son adoption ne modifierait guère le présent état de chose.

Les auteurs des trois autres projets ont tenu compte des manifestations multipliées des ouvriers et employés, soutenus par un certain nombre de patrons : ils se sont donc proposé d'organiser le repos hebdomadaire. La meilleure de ces propositions est assurément celle du Conseil supérieur, qui institue le repos du dimanche pour la très grande majorité du personnel salarié et limite très sévèrement les dérogations possibles.

Les projets de la Chambre et de la commission sénatoriale, inspirés par le désir dominant de ne pas causer brusquement une gène sérieuse à l'industrie et au commerce, se contentent de formuler le principe du repos obligatoire, en admettant quantité d'exceptions, mais se gardent bien de fixer le jour de la cessation du travail. La commission sénatoriale, un peu moins timide que la majorité des députés, a cependant estimé que ce jour pourrait être obligatoirement fixé, par un arrêté du maire de la commune, s'il y avait accord sur ce point entre les quatre cinquièmes des industriels intéressés dans la localité.

Quel est, de tous ces systèmes, celui qui triomphera et prendra place dans notre législation ? Il serait imprudent de le préjuger. Pour le moment, on est à peu près assuré de ne se point grossièrement tromper en avançant que la question du repos hebdomadaire ne recevra pas, de si tôt, au Parlement français, une solution définitive. Nous souhaitons que l'événement nous donne tort.

CHAPITRE III

L'Exemple de l'Etranger.

I

A l'étranger, le *repos hebdomadaire*, c'est à peu près partout le *repos du dimanche ;* les parlements des différentes nations se sont, en effet, justement convaincus que, pour assurer le respect du septième jour, il fallait instituer le *repos collectif* des salariés, et que, pour obéir aux mœurs et aux traditions, le repos collectif devait être fixé au *dimanche.*

En Allemagne, la loi du 30 juin 1900 défend aux industriels de faire travailler le dimanche et les jours fériés. En ce qui concerne ces derniers, leur détermination est laissée aux Etats fédéraux. Quand, dans un même pays, il y a des catholiques et des protestants, deux systèmes peuvent être appliqués. D'après l'un, c'est la majorité qui décide de l'adoption du jour de fête. D'après l'autre système, pratiqué en Saxe, les catholiques peuvent travailler les jours de fête protestante, et, réciproquement, les protestants peuvent travailler les jours de fête catholique.

La loi distingue, au point de vue de l'application,

le commerce et l'industrie. Pour le commerce, le travail dominical est toléré pendant un maximum de cinq heures. Pour l'industrie et les métiers, il est interdit. Cependant, on a admis les exceptions suivantes :

1° Les travaux urgents et d'intérêt public;

2° Les travaux de confection d'un inventaire prescrit par la loi;

3° La surveillance des bâtiments d'exploitation, les travaux de nettoyage et de conservation;

4° Les travaux indispensables pour la conservation de la matière première.

En outre, les autorités administratives ont le droit d'autoriser quelques dérogations en dehors de celles qui sont énumérées dans la loi.

En Angleterre, le repos du dimanche est consacré par les mœurs et par une législation qui remonte à plusieurs siècles.

En Autriche, la loi du 16 janvier 1895 ordonne de cesser le dimanche tout travail industriel, sous la réserve de quelques exceptions analogues aux exceptions inscrites dans la loi allemande.

En Suède, le labeur du dimanche est interdit et le code pénal punit d'une amende celui qui ouvre boutique ce jour-là.

En Espagne, la loi toute récente du 4 mars 1904 formule également l'interdiction de ce travail, avec quelques exceptions dictées par les nécessités techniques de l'industrie.

Le parlement belge discute actuellement une proposition qui établit le repos dominical.

Enfin, aux Etats-Unis, où la législation varie suivant les Etats, un très grand nombre d'entre eux prescrivent le travail du dimanche.

II

Mais la Suisse est peut-être le pays dont la législation présente le plus vif intérêt au point de vue spécial qui nous occupe.

Nous trouvons, en effet, chez nos voisins d'outre-Jura une loi, réglant la matière, *qui est appliquée depuis vingt-sept ans* et qui, au cours de cette période déjà longue, a subi une série de retouches dont l'usage a démontré la nécessité : la dernière, qui a trait au service des entreprises de transport, est seulement de 1902. Il y a là une expérience dont on ne saurait tirer un trop grand profit.

Le repos du dimanche a été introduit dans la législation fédérale de la République helvétique par *la loi de 1877 sur les fabriques*.

Cette loi ne vise pas seulement le repos hebdomadaire : elle réglemente, en leur ensemble, les diverses questions qui se posent dans l'organisation moderne du travail industriel; elle est même une des plus importantes et des plus complètes qui aient été faites sur ces objets. Entre autres dispositions, elle formule l'obligation d'un règlement de fabrique, elle fixe à onze heures le maximum de la journée des ouvriers adultes, elle traite, en détail, de la responsabilité des accidents, du travail de nuit, du travail des femmes et des enfants.

Cette loi, qui a reçu la consécration du temps, a, d'autre part, reçu la consécration de l'approbation populaire : soumise au *referendum*, le 21 octobre 1877, elle obtint la majorité des suffrages. Elle entra en vigueur le 1er janvier suivant.

Ceci dit sur le caractère général de cette loi (1), examinons la réglementation du travail du dimanche telle qu'elle résulte de ce texte ainsi que des additions ou corrections qui y ont été apportées dans la suite.

Les diverses dispositions, concernant le repos dominical, contenues dans la loi suisse de 1877 peuvent se résumer ainsi qu'il suit :

1° Le travail des ouvrières de tout âge est interdit le dimanche, sans aucune exception ;

2° Le travail des jeunes ouvriers (de moins de dix-huit ans) est interdit le dimanche, sauf dans quelques industries ;

3° Le travail des ouvriers adultes (de plus de dix-huit ans) est interdit le dimanche, sauf dans

(1) La *loi sur les fabriques* s'applique :

1° A tous les établissements comptant plus de dix ouvriers;

2° A tous les établissements présentant le type évident de fabrique;

3° A tous les établissements offrant des dangers exceptionnels pour la vie et la santé des ouvriers;

4° Aux établissements qui emploient des moteurs mécaniques, ou occupent des personnes âgées de moins de dix-huit ans, ou présentent des dangers particuliers pour la santé et la vie des ouvriers. (Il faut cependant, depuis 1891, que ces établissements comptent plus de cinq ouvriers.)

certaines industries et sauf certains cas où ce travail s'impose.

Ainsi donc, ce que la loi punit, c'est le travail du *dimanche* et non celui d'un septième jour quelconque de la semaine : en établissant cette obligation du repos dominical, le législateur suisse n'a fait d'ailleurs que correspondre au sentiment public, désireux de voir respecter le jour traditionnellement consacré aux réunions de famille et aux exercices du culte.

Pour les femmes, la prescription est formelle : pas de travail le jour du Seigneur. Les autorités se sont montrées d'une rigueur absolue dans les cas, rares d'ailleurs, où des infractions ont été portées à leur connaissance. En 1882 et en 1885, un inspecteur ayant signalé l'emploi assez fréquent de femmes le dimanche dans des exploitations qui ne s'arrêtaient jamais, quelques cas furent déférés aux tribunaux. Ces exemples suffirent amplement.

Malheureusement, il est deux professions féminines où la loi est encore trop fréquemment violée. Suivant M. Waxweiler, qui a fait en Suisse une enquête très consciencieuse, « on use de tous les stratagèmes pour tromper la surveillance des inspecteurs ». Les autorités locales, d'ailleurs, ne semblent pas mettre beaucoup de zèle à rechercher ou à découvrir les abus. Quant à l'intervention des intéressées elles-mêmes, il n'y faut pas compter pour amener la découverte des infractions, les ouvrières suisses n'étant guère organisées professionnellement. « Pendant notre séjour à Lucerne, raconte à ce propos l'enquêteur belge, on nous a rapporté comme une chose tout à fait exceptionnelle qu'une ouvrière d'un atelier de lingerie, ayant dénoncé à l'inspecteur un cas de travail du dimanche, et ayant été renvoyée par ses patrons, le comité local de surveillance de l'exécution de la loi de 1877 s'était emparé de l'affaire et préparait une requête aux autorités. » Mais, les métiers de l'aiguille exceptés, *on peut dire que la femme suisse jouit librement et paisiblement du repos dominical.*

Il en est de même pour le plus grand nombre des jeunes ouvriers industriels, âgés de moins de dix-huit ans (1). Le travail du dimanche n'est, en effet, autorisé pour eux qu'exceptionnellement dans les industries comportant par leur nature un travail ininterrompu.

Encore ce travail n'est-il toléré que sous certaines conditions :

1° Il doit être démontré que, dans ces industries, la présence des jeunes ouvriers est indispensable, le dimanche, et, surtout, qu'elle paraît utile en vue d'un bon apprentissage. « Il en résulte que l'emploi de ces jeunes gens n'est toléré qu'à raison de la continuité du travail auquel ils sont eux-mêmes employés ; ainsi un établissement travaillant régulièrement tous les dimanches avec une partie de son personnel ne comprenant pas de jeunes

(1) La loi sur les fabriques interdit l'emploi des enfants âgés de moins de quatorze ans révolus.

ouvriers, ne pourrait s'autoriser du caractère continu de l'exploitation pour en occuper quelquefois, tel ou tel dimanche, à raison d'un surcroît de travail. »

2° Chaque jeune ouvrier employé doit avoir un dimanche libre sur deux;

3° La durée du travail ne peut excéder pour chacun la journée de 11 heures sur 24 heures;

4° Chaque jeune ouvrier occupé le dimanche doit donner son libre consentement, ainsi que son père ou son tuteur.

Au début, dans la période de transaction, le Conseil fédéral eut l'occasion d'user de la tolérance que lui laisse la loi. Six verreries et neuf usines métallurgiques furent autorisées en 1878 à employer de jeunes ouvriers au travail continu; encore l'arrêté stipulait-il qu'ils devaient être âgés de seize ans au moins. Sur ces quinze établissements, la plupart n'ont usé de l'autorisation que pour le travail de nuit. Depuis lors, quelques-uns d'entre eux chôment complètement le dimanche.

III

Arrivons maintenant à la question la plus controversée : l'obligation du repos dominical pour les ouvriers adultes.

La loi suisse formule très nettement cette prescription et n'admet que deux dérogations.

Aucun ouvrier ne peut être employé le dimanche excepté dans les deux cas suivants :

1° Régulièrement, *dans des industries exigeant, par leur nature, un travail continu* ;

2° Accidentellement, *dans une industrie quelconque, lorsqu'il s'y présente des cas où le travail du dimanche s'impose avec une absolue nécessité.*

Il y a donc deux exceptions à la loi du repos du dimanche : l'*exception de continuité* et *l'exception d'absolue nécessité.*

Il est bon de préciser l'étendue de l'exception de continuité : elle ne s'applique qu'aux industries qui, par la nature *technique* du travail, ne peuvent admettre l'interruption d'un jour sur sept : par exemple, les hauts fourneaux. Aussi il n'a jamais été question d'accorder le bénéfice de la continuité en vue seulement de l'augmentation de la production ou en raison de considérations économiques quelconques.

Mais les industriels autorisés à ne pas chômer le dimanche ne recevaient cette autorisation que sous les conditions suivantes dont plusieurs sont identiques à celles que nous avons déjà signalées pour les jeunes gens âgés de moins de dix-huit ans :

1° Chaque ouvrier employé doit avoir un dimanche libre sur deux ;

2° La durée du travail ne peut dépasser, pour chacun, la journée de 11 heures sur 24 heures ;

3° Chaque ouvrier employé le dimanche doit y consentir de son plein gré ;

4° L'autorisation ne s'étend qu'au nombre d'ouvriers absolument nécessaire ;

5° L'autorisation et les conditions auxquelles elle est subordonnée, ainsi que l'horaire pour le travail de jour et de nuit, doivent être communiqués à l'autorité locale ; ils doivent aussi être portés à la connaissance des ouvriers par une affiche très visible placardée dans les locaux de travail ;

6° Si les conditions posées ne sont pas observées ou s'il résulte des inconvénients de l'autorisation donnée, celle-ci peut, en tout temps, être retirée ;

7° Si le fabricant ne fait plus usage de l'autorisation, il est tenu d'en aviser l'autorité fédérale.

Ainsi formulée, l'interdiction du travail dominical était par trop rigoureuse. On ne tarda point à s'en apercevoir. Plusieurs établissements s'adressèrent au Conseil fédéral pour obtenir l'extension de l'exception « d'exploitation ininterrompue » : il ne s'agissait pas, pour ces diverses entreprises, de préparation ou de manipulation proprement dite des matières premières, mais simplement de travaux qui, en général, ne duraient, chaque dimanche, que deux ou trois heures : ils avaient pour but unique de faire prendre, par quelques ouvriers, des mesures pour empêcher la détérioration des produits en fabrication, mesures telles qu'elles ne pouvaient être prises ni la veille, ni le lendemain, et ne pouvaient être omises sans de sérieux dommages. Ne pouvait-on autoriser ces deux ou trois heures de travail supplémentaire?

Le Conseil fédéral fit droit à ces requêtes, et, le 21 mai 1880, communiqua l'arrêté suivant aux gouvernements cantonaux :

Le travail du dimanche et des jours de fêtes, qui, durant toute l'année ou pendant des périodes de temps de longue durée, occupe régulièrement quelques ouvriers *pendant trois heures au plus* et *a lieu dans le but d'empêcher la détérioration des matières en travail*, est permis pour tous les établissements qui en ont demandé l'autorisation au Département fédéral du Commerce et de l'Agriculture, et ont prouvé, conformément aux explications qui précèdent, qu'il ne leur est pas possible de se passer du travail dont il s'agit.

Voici quelques « espèces » visées par cet arrêté du 21 mai 1880 :

Dans la tannerie, on peut être obligé de procéder le dimanche au retournement des peaux qui trempent dans l'eau ; lorsque le temps est chaud, il se produit sur un côté des peaux immergées une certaine fermentation qui ne peut être évitée qu'en les retournant. Cette opération est également nécessaire lorsque les peaux sont soumises à l'action de matières colorantes qui doivent agir d'une manière uniforme sur les deux faces.

Dans l'industrie laitière, on a été obligé de reconnaitre que, si l'on peut interrompre le dimanche la fabrication proprement dite du beurre et du fromage, il faut du moins procéder, aussitôt après la réception, à toutes les opérations nécessaires à la conservation du lait.

Enfin, dans la fabrication des pâtes alimentaires, on a dû constater qu'il fallait pouvoir déplacer le dimanche les produits qui sont soumis à une lente dessiccation, faute de quoi ils s'aigrissent et deviennent impropres à la consommation.

Ces deux ou trois exemples, dont il eût été facile d'allonger la liste, justifient amplement, nous semble-t-il, l'intelligente modification apportée en 1880 à la loi de 1877.

Six ans plus tard, le Conseil fédéral fut encore amené à s'écarter des règles qu'il avait précédemment posées.

D'après ces règles, les « fabricants » qui estimaient pouvoir bénéficier de la disposition visant l'exploitation continue devaient, *individuellement*, s'adresser au Conseil fédéral et établir que leur industrie nécessitait ce genre d'exploitation. Mais on reconnut que nombreux étaient les cas où l'on pouvait procéder par *autorisations générales*. Ce fut à propos des brasseries et des moulins que l'on arriva à cette conviction. Plusieurs directeurs d'entreprises de ce genre avaient sollicité des autorisations en invoquant l'exception de continuité d'occupation. « Or, le régime du travail et les conditions à imposer tenaient moins à l'organisation de tel ou de tel établissement qu'à la branche d'industrie à laquelle il appartenait ; toute disposition prise en faveur de quelques établissements devait donc, par le fait, profiter à toutes les entreprises similaires, et la demande d'autorisation devenait, pour celles-ci, une simple formalité : les brasseries et les moulins étant particulièrement nombreux, on jugea inutile de les y assujettir. C'est ainsi que le Conseil fédéral fut conduit à déroger pour la première fois à la règle qui prescrivait à chaque industriel de faire au préalable valoir ses droits, s'il voulait bénéficier des tolérances légales. »

En 1893, le gouvernement fédéral fit procéder à une revision de toutes les permissions déjà accordées et prit un arrêté réglementant les « autorisations générales » : les associations ouvrières, notamment, « le Grütli », protestèrent contre le principe de ces autorisations générales, mais ne parvinrent pas à faire revenir sur l'ensemble de ces décisions.

Mais il ne faudrait point croire que les dérogations à la loi générale du repos dominical fussent très nombreuses du chef de l'exception de continuité de travail.

Nous empruntons au remarquable rapport de

M. Waxweiler le tableau suivant particulièrement démonstratif à ce sujet :

Importance du travail continu de production dans les établissements soumis à la loi de 1877.

Nature des travaux autorisés le dimanche.	Arrondissements d'inspection.	Établissements jouissant d'autorisation.		Ouvriers occupés le dimanche.	
		Nombres absolus.	Pour 100 au total des établissements.	Nombres absolus	Pour 100 au nombre total d'ouvriers occupés pendant la semaine.
Production continue...........	I	103	5,5	391	0,5
	II	89	7,9	312	0,8
	III	105	5,7	284	0,4
	Les 3 arr[ts].	297	6,1	987	0,5
Opérations particulières (quelques heures seulement par dimanche)	I	75	4	313	0,4
	II	65	5,7	126	0,3
	III	50	2,7	233	0,3
	Les 3 arr[ts].	190	3,9	672	0,3
Totaux	Les 3 arr[ts].	487 (sur 4,867)	10	1,659 (sur 190,268)	0,8

Ainsi donc, on est en droit de conclure avec l'enquêteur belge que, sur l'ensemble des établissements soumis à la loi, un dixième jouissent des autorisations nécessaires pour travailler tous les dimanches à la production. Mais l'importance véritable du travail du dimanche se mesure surtout au nombre des personnes qui y sont astreintes. Or, du tableau qui précède, il résulte que, sur *près de deux cent mille ouvriers, le travail régulier du dimanche n'en occupe pas un pour cent.* Et encore cette proportion tombe-t-elle à *un demi pour cent* si l'on ne tient pas compte des travailleurs, pris le jour du repos réglementaire seulement deux ou trois heures pour des opérations qui ne peuvent s'exécuter tandis que la fabrique est en pleine activité.

IV

A côté de l'exception de continuité que nous venons d'examiner, la législation suisse admet, pour les travailleurs adultes, une seconde exception à la règle générale du repos du dimanche : c'est l'*exception d'absolue nécessité*.

Mais qu'entend-on par l'*absolue nécessité?* La définition ne se trouve ni, dans la loi, ni dans aucun arrêté fédéral.

Certaines interprétations particulières permettent de préciser ce que le législateur entend par ces termes. En 1887, le directeur d'une fabrique de bonneterie présenta au Conseil fédéral une requête dans laquelle il demandait de pouvoir procéder, tous les dimanches, dans la matinée, au nettoyage des chaudières à vapeur, à la réparation des transmissions et à l'enlèvement des marchandises tassées dans les cuves à soufrer et à blanchir. Il lui fut répondu que le nettoyage de la chaudière et la réparation des transmissions devaient être considérés comme travaux d'absolue nécessité, mais que, par contre, il n'existait aucune *nécessité technique* en faveur de l'enlèvement des marchandises des cuves à soufrer et à blanchir. De sorte qu'aux yeux du Conseil fédéral, la nécessité ne peut être regardée comme *absolue* que si elle s'appuie sur des raisons d'ordre *technique* : ainsi, l'obligation de terminer une commande ou le désir de compenser un chômage ne sauraient justifier une demande d'autorisation. La loi n'admet donc au bénéfice de l'exception que « les travaux techniques d'une nature telle qu'ils ne puissent s'effectuer à un autre moment que le dimanche sans troubler profondément la marche de l'établissement, et qu'ils doivent de toute nécessité être exécutés pour rendre possible l'exploitation normale dès le lundi suivant ».

Beaucoup de grands industriels se plaignirent d'être obligés de réclamer une autorisation *chaque fois* que se présentaient certains travaux déterminés dont l'absolue nécessité ne pouvait être contestée et qui se reproduisaient d'ailleurs périodiquement, tels que l'entretien des chaudières, le graissage des transmissions, les réparations aux machines-outils, etc. Le Conseil fédéral craignait d'ouvrir la porte aux abus et il résista longtemps. Mais, en 1891, devant les réclamations renouvelées des constructeurs de machines, il décida que « les travaux qui se présentent périodiquement et auxquels il est nécessaire de procéder en dehors des heures réglementaires feraient l'objet d'autorisations générales, à accorder, *une fois pour toutes*, à chaque établissement qui en ferait la demande motivée.» Enfin, un arrêté du 7 avril 1894 supprima toute procédure pour ce genre d'autorisations : désormais aucune demande d'autorisation, ni générale, ni spéciale, ne fut plus nécessaire pour les travaux dont l'arrêté donnait une liste limitative. Actuellement un industriel peut faire procéder le dimanche aux travaux essentiels de réparation, de nettoyage et d'entretien, sans avoir besoin d'une permission préalable. « Cette mesure, qui a été très favorablement accueillie par toute la grande industrie, procède du même principe nouveau des « autorisations générales », déjà introduit, comme nous l'avons vu précédemment, par l'arrêté du 14 janvier 1893, pour les travaux continus; seulement, dans le cas actuel, les autorisations générales s'étendent à des *travaux* d'une nature définie, tandis que dans le cas d'une exploitation ininterrompue, elles s'appliquent à des *industries* déterminées. »

Ces deux modifications principales indiquées par l'expérience sont venues donner quelque souplesse à la loi de 1877 : grâce à elles, l'industrie suisse n'a pas eu à souffrir gravement de l'interdiction du labeur dominical et, par contre, les conséquences sociales de ce repos hebdomadaire ont été extrêmement heureuses pour les citoyens de la République helvétique. Ces populations, d'ailleurs, ont pu tirer un profit particulièrement grand du repos du dimanche parce qu'un article de la loi de 1877 avait quelque peu écourté la journée du samedi, permettant ainsi aux gens du peuple de vaquer, ce jour-là, aux soins du ménage. Il ne sera pas inutile de dire quelques mots de cette disposition, très avantageuse pour la vie de famille dans la classe ouvrière.

V

La loi sur les fabriques fixait à onze heures, nous l'avons dit, le maximum de la journée pour les adultes. La loi ajoutait : « La durée du travail est réduite à dix heures la veille des dimanches et jours fériés. »

Au sujet de la décision relative au samedi, il y a lieu de remarquer que cette prescription ne s'applique point aux exploitations ininterrompues, car l'alternance des équipes exige des postes de douze heures (se ramenant à onze heures de travail effectif, repos déduit). La prescription ne s'applique pas davantage aux établissements, comme les boulangeries ou les distilleries, qui, sans avoir une exploitation absolument ininterrompue, jouissent cependant d'une tolérance pour le travail de nuit.

Cette disposition, relative au samedi, a généralement reçu un très favorable accueil, même de la part des industriels. A ce propos, un fabricant de papier du canton de Berne disait à M. Waxweiller : « Lorsque mon établissement a été soumis à la loi, j'ai dû réduire d'une heure le travail du samedi : j'ai conservé le même salaire aux ouvriers. Eh bien, je n'ai constató aucune perte : tout l'ouvrage qui doit être fait est fait ; les ouvriers et les employés se pressent sans doute un peu plus pour avoir terminé à l'heure. » Un tanneur du canton de Zurich déclarait de son côté : « J'ai dû réduire d'une heure le samedi et la veille des fêtes pour me conformer à la loi, mais je n'y ai rien perdu. Les ouvriers, le patron et tout le monde se pressent un peu plus, l'un talonne l'autre, et ainsi, le soir, on a, en somme, fait autant de besogne. » Autre déclaration d'un brasseur de Zurich : « Lorsque la loi a été appliquée, je ne me suis aperçu d'aucune perte sensible par suite de la réduction de la journée du samedi. Bien plus, à la suite d'une entente entre tous les brasseurs du canton, patrons et ouvriers, on a introduit la journée de dix heures pour toute la semaine; il n'y a donc plus de différence entre le samedi et les autres jours. *Et nous nous trouvons fort bien du nouveau régime.* »

Les inspecteurs sont d'accord pour constater que l'introduction de la prescription relative au samedi n'a pas apporté de trouble dans le régime de l'industrie; elle n'a point amené, dans l'ensemble, une réduction de salaires ; presque partout, on a estimé que « la minime dépense occasionnée était largement compensée par l'accroissement du zèle, de la diligence et de la bonne volonté des ouvriers ».

VI

Et maintenant, que faut-il penser de l'ensemble des prescriptions de la loi suisse relatives au repos dominical pour les ouvriers et ouvrières des fabriques ?

Le mieux est de le demander aux intéressés eux-mêmes — patrons et salariés.

Dans son enquête, M. Waxweiller a posé la question à nombre de personnalités, et nous n'aurons que l'embarras du choix entre le grand nombre de réponses qu'il rapporte consciencieusement.

Voici d'abord *les chefs d'industrie.*

Un filateur de coton (canton de Zurich), dont les usines comptent plus de 250,000 broches, écrit ce qui suit : « ...Quant aux effets de la réglementation, il va de soi que, dans les établissements où l'on travaillait parfois à la production en vue de commandes urgentes, on a éprouvé un préjudice; de même si l'on a dû reporter à la semaine des travaux de réparation ou d'entretien qui se faisaient antérieurement le dimanche. Mais (et ceci s'applique en général aux effets de la loi de 1877, notamment pour le journée normale), l'industrie suisse peut supporter ce sacrifice. Les machines sont infiniment perfectionnées depuis quinze ans, et, d'autre part, l'ouvrier, mieux reposé et mieux disposé, gaspille moins de temps. Malgré ces deux avantages, il reste une perte légère pour l'industrie, mais cette perte vaut bien les autres résultats obtenus. La loi est très sévère; les industriels sont enserrés; l'inspection, très bien faite, les tient de très près. Qu'importe! Pas un seul fabricant sérieux ne voudrait revenir à l'ancien régime. Au moins, à présent, nous savons ce qu'on demande de nous : si nous observons bien la loi, personne n'a rien à nous dire : c'est l'ordre substitué à l'anarchie. Et puis, l'industrie est bien plus sûre : des ouvriers protégés sont des ouvriers satisfaits; ils s'occupent à faire respecter les droits que leur reconnait la loi, et ils songent moins à établir sur cette terre la justice et l'égalité universelles : on ne pense à ces choses-là que quand on n'a rien à perdre ni à défendre dans la lutte de tous les jours. Un ouvrier protégé n'est plus socialiste, ou, s'il l'est encore, je ne crains plus son socialisme; et je crains encore moins la réglementation. Mais une simple loi sur le repos dominical n'aurait aucun sens dans un pays à longues journées de travail : que peut faire l'ouvrier épuisé pendant la semaine, lorsque arrive le dimanche? Dormir ou boire. Les industriels devraient prendre partout eux-mêmes l'initiative de réduire la journée de travail; ils ne doivent pas attendre d'être poussés par l'État. Et, surtout, ils ne doivent pas lui résister, s'il intervient alors qu'ils seront restés inactifs. Voilà ce que les industriels suisses ont, dans leur très grande majorité, appris pendant ces vingt années de l'expérimentation de la loi sur les fabriques. »

Le directeur d'un atelier de construction de machines, occupant plus de deux mille ouvriers, fait de son côté la déclaration suivante : « Dans mes ateliers, on a diminué autant que possible les heures de réparation et de nettoyage, le dimanche, pour éviter de demander des autorisations; dans ce but, on a réduit les heures de travail le samedi; on finit à quatre heures, puis on répare. Le dimanche, une douzaine d'ouvriers viennent à l'usine pour le service des chaudières. Nous ne nous risquons guère à demander des autorisations le dimanche, car le gouvernement est très sévère. Lorsqu'il y a des commandes urgentes à terminer, nous préférons demander des heures supplémentaires en semaine. Le samedi et le dimanche sont des jours auxquels on ne peut toucher. En somme, nous sommes satisfaits pour ce qui est du repos dominical ; à cet égard, l'expérience faite en Suisse démontre que l'industrie de la construction métallique peut parfaitement s'accommoder d'une réglementation du travail du samedi et du dimanche. Nous voudrions seulement que l'on fût moins sévère pour les heures supplémentaires des jours de semaine. »

Nous pourrions citer bien d'autres appréciations à peu près conformes, mais elles nous paraissent très heureusement résumées dans l'opinion suivante, formulée par M. Cramer-Frey, président de l'*Union suisse du commerce et de l'industrie*, dont on ne saurait contester la compétence : « Depuis que la généralisation de certaines autorisations a mis fin aux interprétations formalistes et tracassières de quelques autorités secondaires, la situation est devenue excellente. Les prescriptions relatives au repos dominical ne sont pas considérées comme trop rigoureuses; d'ailleurs, il en est de ces prescriptions comme de la plupart des dispositions de la législation sur les fabriques : *l'industrie suisse s'est si complètement assimilé la loi, que personne ne voudrait revenir à l'ancien état de choses;* tout au plus peut-on discuter l'opportunité de certaines prescriptions, telles que l'interdiction de l'emploi d'enfants d'un certain âge à des besognes faciles... »

Les patrons, consultés, se sont donc montrés généralement favorables à la réglementation du repos dominical. Ecoutons maintenant les *ouvriers et les chefs d'organisations professionnelles* : ils n'ont point fait entendre de notes discordantes.

Voici, en effet, quelques-unes de leurs déclarations :

Le président du comité central de la Société du *Grütli*, membre d'un comité pour l'observation du repos dominical : « Les plaintes sont excessivement rares et l'on peut dire que la situation est aujourd'hui conforme à ce que la loi exige. »

Le « secrétaire ouvrier suisse », qui est un fonctionnaire nommé et payé par le gouvernement fédéral pour le renseigner sur la situation des travailleurs, estime « qu'actuellement, il n'y a plus d'abus, que le repos dominical est accepté par l'industrie et que les ouvriers le regardent comme une chose acquise ».

D'ailleurs, ce qui mieux que tout le reste prouve l'importance que les travailleurs attachent à cette législation, c'est qu'en nombre de villes, comme Zurich, Winterthur, Lucerne, etc., ils ont organisé une commission spéciale chargée de surveiller l'exécution de la loi et de signaler aux inspecteurs les infractions qui viendraient à être commises. Ce n'est point là, on en conviendra, le fait de gens regrettant les obligations formulées par le législateur.

VII

L'exemple instructif de la République helvétique, qui, depuis près de trente ans, a institué chez elle le repos dominical, peut donc être invoqué à bon droit par tous ceux qui voudraient voir un pareil bienfait social assuré aux industriels et aux ouvriers français.

Les Suisses n'ont pas été les seuls à penser ainsi. La plupart des législations européennes, nous l'avons indiqué au début de ce chapitre, contiennent des dispositions établissant le respect du dimanche. A maintes reprises, les hommes d'État de pays réputés pour leur amour de la liberté individuelle se sont nettement prononcés dans le même sens. Nous n'invoquerons, en terminant, que l'autorité d'un seul d'entre eux, mais il nous est particulièrement agréable de pouvoir donner comme conclusion à ces brèves études sur le repos hebdomadaire, les quelques lignes qu'un ancien président de la grande République américaine, M. Harrisson, adressait aux organisateurs d'un congrès international du repos hebdomadaire : « J'accepte avec plaisir, écrivait-il, de devenir membre honoraire de votre congrès. *L'expérience et l'observation m'ont convaincu que toute personne travaillant des mains ou de la tête a besoin de repos qu'une observation du dimanche peut seule garantir*. Les philanthropes et les chrétiens peuvent envisager la question à des points de vue différents. Mais soit que nous considérions l'homme comme un animal ou comme un être immortel, nous devons nous unir pour lui assurer le repos, que le corps et l'esprit réclament également, afin d'être maintenus dans les meilleures conditions possibles. Ceux qui ne voient pas le commandement divin dans la Bible, ne peuvent manquer de le trouver dans l'homme lui-même. »

Nous souhaitons que nos législateurs entendent cette parole d'un citoyen de la libre Amérique.

ANNEXES

Les Propositions de Loi.

Nous croyons utile de mettre sous les yeux du lecteur les textes des propositions de loi votées, soit par la Chambre des députés, soit par la Commission sénatoriale, soit aussi par le Conseil supérieur du Travail.

I. — *Texte adopté par la Chambre.*

Voici d'abord le texte adopté par la Chambre :

Article premier. — Les ouvriers et employés de l'un ou de l'autre sexe ne peuvent être occupés plus de six jours complets par semaine dans les services de l'Etat, du département et de la commune, dans les services, monopoles et régies qui en dépendent, dans les manufactures, fabriques, usines, chantiers, ateliers, cuisines des hôtels, restaurants, pâtisseries et des autres établissements des industries de l'alimentation, caves, chais et entrepôts, magasins, boutiques, bureaux, mines, minières et carrières, entreprises de chargement et de déchargement et leurs dépendances, de quelque nature que ce soit, publics et privés, laïques et religieux, même lorsque ces établissements ont un caractère d'enseignement professionnel ou de bienfaisance.

Dans les établissements occupant moins de cinq

ouvriers ou employés, le repos d'une journée par semaine pourra être remplacé par deux repos d'une demi-journée.

Art. 2. — Le Maire et, à Paris, le Préfet, d'accord avec le Conseil municipal, sont chargés, après avis des Chambres syndicales patronales et ouvrières, de dresser la liste des exceptions qu'il y aurait lieu d'établir, suivant les nécessités du commerce et des industries de la localité.

Les maires pourront autoriser, dans l'étendue de leur commune, des dérogations à la présente loi, mais sous la réserve que ces dérogations bénéficieront à tous les établissements de même nature.

Art. 3. — Les inspecteurs et inspectrices du travail ont entrée dans tous les établissements visés par la présente loi, dont ils seront chargés d'assurer l'exécution.

Art. 4. — Toutefois, en ce qui concerne les exploitations des mines, minières et carrières, l'exécution de la loi est exclusivement confiée aux ingénieurs et contrôleurs des mines qui, pour ce service, sont placés sous l'autorité du Ministre du Commerce et de l'Industrie.

Les contraventions sont constatées dans les procès-verbaux des inspecteurs et inspectrices qui font foi jusqu'à preuve contraire.

Ces procès-verbaux sont dressés en double exemplaire, dont l'un est envoyé au préfet du département et l'autre déposé au parquet.

Les dispositions ci-dessus ne dérogent pas aux règles du droit commun quant à la constatation et à la poursuite des infractions à la présente loi.

Art. 5. — Les chefs d'entreprise, directeurs ou gérants, qui auront contrevenu aux prescriptions de la présente loi et du règlement d'administration publique relatif à son inexécution, seront poursuivis devant le tribunal de simple police, et passibles d'une amende de cinq francs (5 fr.) à quinze francs (15 fr.).

L'amende sera appliquée autant de fois qu'il y aura de personnes occupées dans des conditions contraires à la présente loi.

ART. 6. — Les chefs d'entreprise seront civilement responsables des condamnations prononcées contre leurs directeurs ou gérants.

ART. 7. — En cas de récidive, le contrevenant sera poursuivi devant le tribunal correctionnel et puni d'une amende de seize francs (16 fr.) à cent francs (100 fr.).

Il y a récidive, lorsque, dans les douze mois antérieurs au fait poursuivi, le contrevenant a déjà subi une condamnation pour une contravention identique.

En cas de pluralité de contraventions entraînant ces peines de la récidive, l'amende sera appliquée autant de fois qu'il aura été relevé de nouvelles contraventions.

L'article 463 du Code pénal, est applicable aux condamnations prononcées en vertu de cet article.

ART. 8. — Est puni d'une amende de cent francs (100 fr.) à cinq cents francs (500 fr.), quiconque aura mis obstacle à l'accomplissement du service d'un inspecteur.

En cas de récidive l'amende sera portée de cinq cents francs (500 fr.) à mille francs (1,000 fr.).

L'article 463 du Code pénal est applicable aux condamnations prononcées en vertu de cet article.

ART. 9. — Les articles 5 et 7 de la loi du 2 novembre 1892 sont abrogés dans leurs dispositions relatives à l'obligation du repos hebdomadaire.

ART. 10. — Les dispositions édictées par la présente

loi seront applicables dans un délai de six mois à dater de sa promulgation.

II. — *Texte adopté par la Commission sénatoriale.*

Voici maintenant le texte adopté par la Commission sénatoriale :

Article premier. — Il est interdit d'occuper plus de six jours par semaine un même ouvrier ou employé de l'un ou l'autre sexe dans un établissement quelconque, industriel ou commercial, ou ses dépendances, de quelque nature qu'il soit, public ou privé, laïque ou religieux, même lorsqu'il a un caractère d'enseignement professionnel ou de bienfaisance.

Le repos hebdomadaire devra avoir une durée de vingt-quatre heures consécutives.

Toutefois, dans les établissements occupant moins de cinq ouvriers et employés, le repos d'une journée par semaine pourra être remplacé, dans la matinée ou dans l'après-midi, par deux repos d'une demi-journée représentant ensemble la durée d'une journée complète de travail.

Dans tout établissement où s'exerce un commerce de détail, et dans lequel est établi le repos hebdomadaire le même jour pour tous les ouvriers et employés, ce repos pourra être supprimé s'il coïncide avec un jour de fête locale.

Art. 2. — Lorsqu'il y aura accord entre les quatre cinquièmes des chefs de maisons d'une même commune, exerçant le même commerce ou la même industrie, pour que le repos de leurs ouvriers et employés ait lieu le même jour de la semaine ainsi que les jours fériés légaux, pendant toute la journée ou une partie de la journée, toute l'année ou une partie de l'année, le maire, et à Paris le préfet, pourra prendre, sur leur demande, après avoir entendu tous les chefs des maisons intéressées, un arrêté prescrivant, aux jours et heures qu'ils indiqueront, la cessation du travail de tout employé ou de tout ouvrier dans tous les établissements de ce même commerce ou de cette même industrie, y compris ceux occupant moins de cinq ouvriers et employés.

Le même arrêté portera interdiction, auxdits jours et heures, de toute vente sur la voie publique de marchandises semblables à celles vendues dans les magasins visés par l'arrêté.

Cet arrêté sera pris sur la demande des trois quarts des chefs de maisons, s'il n'existe dans la localité que quatre établissements exerçant le même commerce ou la même industrie, et des deux tiers s'il n'en existe que trois.

L'arrêté concernant les magasins de vente au détail tenant plusieurs spécialités ne s'appliquera pas aux magasins tenant l'une seulement de ces spécialités.

Les arrêtés devront être rapportés par le maire lorsque la majorité sus-indiquée des intéressés en demandera le retrait. Chacun des établissements intéressés reprendra sa liberté et pourra ou maintenir le repos hebdomadaire collectif ou établir le repos par roulement.

Le maire, et à Paris le Préfet, donnera communication à l'inspecteur du travail des arrêtés qu'il aura pris.

Les ouvriers et employés qui n'auront pas joui d'une journée complète de repos auront droit, pendant la matinée ou l'après-midi des autres jours de la semaine, à un repos complémentaire d'un nombre d'heures consécutives égal aux heures supprimées.

Art. 3. — Dans les industries dont les travaux s'exécutent en plein air et dont les ouvriers se trouvent obligés par les intempéries à des repos forcés, ces repos viendront au cours de chaque mois en déduction des jours de repos hebdomadaire mensuels.

Des règlements d'administration publique pourront apporter des dérogations au repos hebdomadaire de vingt-quatre heures consécutives en raison des besoins du public et des nécessités industrielles ou commerciales, aux différentes catégories d'entreprises dont l'énumération suit :

Industries qui ne travaillent qu'à certaines époques de l'année ; celles qui emploient des matières périssables ; celles qui s'exercent en plein air ; celles qui ont à répondre dans certaines saisons à une affluence de travail ;

Industries de produits alimentaires et magasins de vente de ces produits ;

Établissements de consommation sur place ; entreprises dont le travail ou l'exploitation ne peuvent être interrompus : hauts fourneaux, hôtels, etc.

Entreprises de transports par terre, y compris les tramways ;

Entreprises de chargement et de déchargement ;

Services publics de l'État, des départements et des communes.

Les règlements établiront la nomenclature des entreprises particulières rentrant dans les catégories générales ci-dessus et les dérogations dont elles jouiront.

Ces dérogations pourront consister dans l'autorisation donnée auxdites entreprises :

De substituer au repos hebdomadaire d'un jour

complet deux demi-journées, représentant ensemble la durée d'une journée complète de travail ; de réduire de quinze au plus le nombre de jours de repos hebdomadaire annuels ou de remplacer au cours de l'année quinze jours au plus de repos hebdomadaire par un ou deux congés de cette durée totale. Toutefois, dans ces deux cas, l'ouvrier devra jouir d'au moins deux jours de repos par mois, sauf pendant deux mois non consécutifs où l'ouvrier pourra ne jouir que d'un jour de repos.

Des règlements d'administration publique pourront apporter des dérogations particulières au repos des spécialistes occupés dans des entreprises comme celle des hauts fourneaux, ou comme celle des hôtels, dont la nature même du travail ou du genre d'exploitation ne souffre pas d'interruption.

Des dérogations spéciales pourront également être apportées au repos des ouvriers et employés qui seront occupés à l'entretien et au nettoyage des machines motrices, des générateurs et des métiers, outils et machines, des magasins et ateliers, ou à des travaux urgents de réparation et d'entretien et dans tous les cas de force majeure.

Ces dérogations pourront s'appliquer aux ouvriers d'une industrie exécutant ces travaux pour le compte d'une autre.

Des règlements d'administration publique pourront apporter au repos hebdomadaire des ouvriers et employés des services publics outre les dérogations prévues ci-dessus des dérogations supplémentaires, en raison des besoins tout particuliers du public, de ses exigences, des insuffisances éventuelles des crédits inscrits aux budgets de l'Etat, des départements et des communes.

ART. 4. — Des règlements d'administration publique

organiseront le contrôle des jours de repos pour tous les établissements, que le repos hebdomadaire soit collectif ou qu'il soit organisé par roulement.

Ils détermineront également les conditions du préavis qui devra être adressé à l'inspecteur du travail par le chef de tout établissement qui bénéficiera des dérogations.

Art. 5. — Les inspecteurs et inspectrices du travail ont entrée dans tous les établissements visés par la présente loi, dont ils seront chargés d'assurer l'exécution.

Art. 6. — Dans les établissements soumis au contrôle du Ministère des Travaux publics, l'exécution de la loi est assurée par les fonctionnaires chargés de ce contrôle, placés à cet effet sous l'autorité du Ministre du Commerce et de l'Industrie. Les délégués mineurs signalent sur leur rapport les infractions à la présente loi.

Les contraventions sont constatées dans des procès-verbaux qui font foi jusqu'à preuve contraire.

Ces procès-verbaux sont dressés en double exemplaire dont l'un est envoyé au préfet du département et l'autre, déposé au parquet.

Art. 7. — Les chefs d'entreprises, directeurs ou gérants qui auront contrevenu aux prescriptions de la présente loi et des règlements d'administration publique relatifs à son exécution, seront poursuivis devant le tribunal de simple police et passibles d'une amende de 5 à 15 francs.

L'amende sera appliquée autant de fois qu'il y aura de personnes occupées dans des conditions contraires à la présente loi, sans toutefois que le maximum puisse dépasser 500 francs.

Art. 8. — Les chefs d'entreprises seront civilement responsables des condamnations prononcées contre leurs directeurs ou gérants.

ART. 9. — En cas de récidive, le contrevenant sera poursuivi devant le tribunal correctionnel et puni d'une amende de 16 à 100 francs.

Il y a récidive, lorsque dans les douze mois antérieurs au fait poursuivi, le contrevenant a déjà subi une condamnation pour une contravention identique.

En cas de pluralité de contraventions entraînant ces peines de la récidive, l'amende sera appliquée autant de fois qu'il aura été relevé de nouvelles contraventions, sans toutefois que le maximum puisse dépasser 1,000 francs.

ART. 10. — Est puni d'une amende de 100 à 500 francs quiconque aura mis obstacle à l'accomplissement du service d'un inspecteur.

En cas de récidive dans les délais spécifiés à l'article précédent, l'amende sera portée de 500 francs à 1,000 francs.

L'article 463 du Code pénal est applicable aux condamnations prononcées en vertu de cet article et des articles 7, 8 et 9

ART. 11. — Les dispositions de la présente loi ne sont pas applicables aux employés et ouvriers des entreprises de transports par eau, aux mécaniciens, chauffeurs et agents des trains de chemins de fer, aux agents des gares et de la voie, dont les repos quotidiens et périodiques sont réglés par des dispositions spéciales.

ART. 12. — Les dispositions de la présente loi seront applicables dans un délai de six mois à dater de sa promulgation.

Toutefois, en ce qui concerne les entreprises qui bénéficieront des dérogations prévues par l'article 3 et qui pourront leur être accordées par des règlements d'administration publique, la présente loi ne sera applicable que six mois après la publication des dits règlements d'administration publique.

Ces règlements devront être publiés dans l'année qui suivra celle de la promulgation de la loi.

III. — *Texte adopté par le Conseil supérieur du Travail.*

Voici enfin le texte adopté par le Conseil supérieur du travail dans sa session de 1904 et qui a été repris, pour la plus grande partie des articles, par MM. de Las Cases, de Lamarzelle, Destieux Junca, et plusieurs autres membres du Sénat :

a) Le Conseil supérieur du travail est d'avis :

Que les travailleurs doivent avoir un jour de repos par semaine ;

Que la loi doit intervenir pour assurer le repos hebdomadaire.

Sauf exceptions ou cas de force majeure, ce jour de repos doit être fixé au dimanche.

b) Le Conseil supérieur du travail émet le vœu :

Que le repos hebdomadaire ou des repos périodiques équivalents soient garantis aux employés de chemins de fer et de tramways, en ménageant au besoin les délais nécessaires pour la réalisation progressive de cette réforme.

c) Le Conseil supérieur du travail émet le vœu :

Que le Sénat examine, au plus tôt, la question du repos hebdomadaire et qu'il tienne compte, dans sa délibération, du texte dont la teneur suit :

Article premier. — Il est interdit d'occuper plus de

six jours complets par semaine un même ouvrier ou employé de l'un ou l'autre sexe, dans un établissement quelconque, industriel ou commercial, ou ses dépendances, de quelque nature qu'il soit, public ou privé, laïque ou religieux, même lorsqu'il a un caractère d'enseignement professionnel ou de bienfaisance.

Le repos hebdomadaire devra avoir une durée de trente-six heures consécutives dans le commerce et dans les industries autres que celles où le travail est nécessairement organisé par équipes et qui seront déterminées par règlement d'administration publique.

Dans les industries ainsi désignées, le repos sera au moins de vingt-quatre heures consécutives.

Le repos hebdomadaire pourra être collectif ou alternatif.

Le repos collectif sera fixé au dimanche.

Le repos alternatif comprendra le dimanche comme les autres jours de la semaine ; ce système, dit de roulement, ne sera consenti qu'aux établissements pour lesquels il sera établi que le repos pour la totalité du personnel un même jour serait préjudiciable, soit aux établissements eux-mêmes, soit au public.

Des décrets rendus en la forme de règlement d'administration publique, après avis de la Commission permanente du Conseil supérieur du travail, détermineront les professions ou les catégories d'ouvriers et employés des deux sexes dans lesquelles le repos hebdomadaire pourra être organisé par roulement.

La Commission permanente du Conseil supérieur du travail devra entendre les intéressés chaque fois qu'une demande lui sera adressée.

Dans les communes de moins de 3,000 habitants, pour les établissements admis au roulement et occupant moins de quatre ouvriers et employés, le repos d'une journée par semaine pourra être remplacé par deux repos d'une demi-journée, pris l'un le matin, l'autre le soir.

Art. 2. — En cas de travaux urgents, dont l'exécution immédiate est nécessaire pour organiser des mesures de sauvetage, pour prévenir des accidents imminents ou réparer des accidents survenus au matériel, aux installations ou aux bâtiments de l'établissement, le repos hebdomadaire pourra être suspendu pour le personnel nécessaire à l'exécution par lettre ou par télégramme à l'inspecteur du travail. Si, après explications échangées, les exceptions notifiées ne lui paraissent pas justifiées, celui-ci en avisera le chef d'établissement.

Cette faculté de suspension s'applique non seulement aux ouvriers de l'entreprise où les travaux urgents sont nécessaires, mais aussi à ceux d'une autre entreprise faisant les réparations ou les nettoyages pour le compte de la première. Un repos compensateur sera accordé à l'ouvrier qui aura travaillé le jour du repos et qui ne bénéficiera pas de l'avantage du roulement.

Pour la vente au détail des denrées d'alimentation qui seront déterminées par règlement d'administration publique, les établissements ayant adopté le repos collectif du dimanche seront autorisés à rester ouverts le dimanche pendant cinq heures, étant entendu que les ouvriers ou employés travaillant ce jour-là jouiront d'un repos compensateur dans la semaine.

Dans les magasins de vente au détail fermés le dimanche, le repos hebdomadaire pourra être réduit à trente heures.

Art. 3. — Le Conseil municipal pourra, sur la demande des deux tiers des chefs de maisons intéressées, décider la fermeture, les dimanches et jours fériés, pour toute la journée ou une partie de la journée, de tous les magasins ou d'une catégorie déterminée des magasins de la commune.

ART. 4. — Dans les locaux où sont occupés les ouvriers ou employés, une affiche apposée dans un endroit apparent indiquera le jour adopté pour le repos hebdomadaire.

Lorsque ce repos ne sera pas fixé au même jour pour tout ou partie du personnel d'un établissement, ou lorsque la journée du repos sera remplacée par deux demi-journées, il sera établi un contrôle des présences dont les conditions seront fixées par un règlement d'administration publique.

ART. 5. — Les inspecteurs et inspectrices du travail ont entrée dans tous les établissements visés par la présente loi, dont ils seront chargés d'assurer l'exécution.

Dans les établissements soumis au contrôle du Ministère des Travaux publics, l'exécution de la loi est assurée par les fonctionnaires chargés de ce contrôle, placés à cet effet sous l'autorité du Ministre du Commerce et de l'Industrie. Les délégués mineurs signalent sur leur rapport les infractions à la présente loi.

ART. 6. — Les 2e, 3e et 4e paragraphes de l'article 20, les articles 26, 27, 28 et 29 de la loi du 2 novembre 1892 sont applicables aux contraventions à la présente loi et au règlement d'administration publique pris pour l'exécution de ladite loi.

ART. 7. — Les articles 5 et 7 de la loi du 2 novembre 1892 sont abrogés dans leurs dispositions relatives à l'obligation du repos hebdomadaire.

ART. 8. — Les dispositions édictées par la présente loi seront applicables dans un délai de six mois à dater de sa promulgation.

TABLE DES MATIÈRES

Imp. X. Perroux, Mâcon.

En vente aux bureaux du SILLON :

Le Sillon, esprit et méthode, par Marc Sangnier. — Cette brochure, écrite au lendemain du 4e Congrès national, fixe une date de l'histoire du *Sillon*.

Nos amis y liront comment le *Sillon* s'est développé organiquement et intellectuellement. Dans des notes qui tiennent presque plus de place que le texte et dont chacune constitue comme un article spécial, Marc Sangnier raconte les origines du *Sillon*, sorti de la *Crypte* et que l'on voit évoluer en passant par la caserne, l'école Polytechnique, etc., précise certaines questions de doctrines, telles que : Un royaliste peut-il être du *Sillon ?* Quelle différence y a-t-il entre l'Association de la jeunesse catholique et le *Sillon ?*.. et pose notre mouvement en face des organisations politiques, sociales ou catholiques de l'heure actuelle. Enfin une série de documents des plus intéressants (textes d'affiches, règlement et prières de la Jeune Garde, etc.) termine cette brochure indispensable à tous nos camarades qui veulent être absolument au courant du mouvement du *Sillon*, — à ceux surtout que leur situation oblige à répondre aux multiples objections que l'on pourrait opposer à leur propagande en faveur de nos idées. 1 vol. **0 fr. 60** — *franco* **0 fr. 80**.

Christianisme et Socialisme, discours de Marc Sangnier et de Jules Guesde, prononcés à l'Hippodrome de Roubaix. — *Tract rouge de* **0 fr. 15** — *franco* **0 fr. 20**.

Les Rapports de l'Eglise et de l'Etat du Ier au XXe siècle, par Emile Chénon, professeur à la Faculté de droit de Paris, ancien élève de l'Ecole polytechnique. - Cette brochure, que les projets de Séparation de l'Eglise et de l'État rendent d'une saisissante actualité, contient les sept conférences *in extenso* faites au *Sillon de Paris* par l'éminent professeur, en novembre décembre 1904. Le prix de la brochure est de **1** fr. *franco*. — Chaque conférence séparément **0 fr. 20** *franco*.

Du même auteur. — **L'Eglise et l'Etat**, **0 fr. 15**, *franco* **0 fr. 20**.

COMPTES RENDUS DE CONGRÈS

Compte rendu illustré du 4e Congrès national des Cercles d'Études et des Instituts populaires de France. — Brochure de 136 pages avec 4 gravures hors texte : **0 fr. 70** prise dans nos bureaux, *franco* **0 fr. 90**.

Compte rendu du 1er Congrès, Paris 1902, 0 fr. 30 *franco* **0 fr. 45**.

Compte rendu du Congrès de Tours, 0 fr. 40 — *franco* **0 fr. 50**.

Compte rendu du Congrès d'Epinal, 0 fr. 65 — *franco* **0 fr. 80**.

Compte rendu du Congrès du Mans, 0 fr. 60 — *franco* **0 fr. 75**.

Catéchisme d'économie sociale et politique du Sillon, par L. Cousin. Prix : **2 fr. 75** *franco*.

Education sociale du Peuple, par Marc Sangnier (3e mille). Prix : **0 fr. 50 — 0 fr. 60** *franco*.

La Vie démocratique, par Marc Sangnier et M. F. Buisson. Prix : **0 fr. 50 — 0 fr. 60** *franco*.

Le « Sillon » à Rome, par Georges Hoog. — Compte rendu illustré du Pèlerinage de Rome. — Prix : **0 fr. 50 — 0 fr. 60** *franco*.

L'Almanach du « Sillon », 1905 — Prix : **0 fr. 50 — 0 fr. 60** *franco*.

TRACTS ROUGES

L'Avenir de la Démocratie, par Marc Sangnier (20e mille). — **Une Méthode d'Education démocratique**, par Marc Sangnier ; Cercles d'études et Instituts populaires (3e mille). — **Action coopérative**, par Marcel Lecoq. Nouvelle édition (5e mille). — **L'Existence de Dieu**, par J. Desgranges. — **Qu'est-ce que le Sillon ?** par J. Desgranges. — **L'Eglise et l'Etat**, par M. Chénon (3e mille). — **L'Esprit du « Sillon »**, par Georges Meny (6e mille). — **Les Associations agricoles**, par R. Massot.

Prix : l'exemplaire **0 fr. 15 — 0 fr. 20** *franco*.

Education et Démocratie, par J. Brunhes, **0 fr. 20** *franco* **0 fr. 25**.

CHANSONS DU « SILLON »

L'Epi, Chanson du Semeur, Chant de la Jeune Garde, Dans ton Jardinet, La Mort du Jeune Garde, paroles et musique de H. Colas et H. Carthame. — **Chanson Rustique, Jeune Garde toujours, Tout à la cause, Jeune Garde, où vas-tu ?** (chanson de marche), paroles et musique de H. Colas. — **Veillée d'armes, Parlons du Christ**, poésies de H. Colas.

Prix : l'exemplaire, **0 fr. 15** ; les 50, **6 fr. 50** ; le 100, **12 fr. 50**.

Office Social du « Sillon »

AVIS IMPORTANT

L'*Office Social du Sillon* vient de faire paraître les premiers numéros d'une **Correspondance sociale** semi-mensuelle, destinée spécialement à fournir à la presse des informations qu'il est difficile de réunir, surtout en province sur les questions sociales les plus actuelles.

La *Correspondance Sociale* paraît le 1er et le 15 de chaque mois. *Prix de l'abonnement* : **5 francs par an.**

PUBLICATIONS DE L'OFFICE SOCIAL

Les Accidents du travail, par Maurice Beaufreton. — **Les Retraites ouvrières**, par Maurice Dubourg. — **Le Repos hebdomadaire**, par Max Turmann. Prix : **0 fr. 40 — 0 fr. 50** *franco*.

TRACTS. — Prix : **0 fr. 05 — 0 fr. 10** *franco*.

I. — Petite Bibliographie à l'usage des Cercles d'Etudes.

II. — Série de sujets d'études.

Gemahling. Le Travail. — Lebrun. Le Mouvement du *Sillon*. — Ch. Sustrac. Education sociale, Ecoles sociales, Démocratie.

III. — Tracts. — Plans.

Jean Breton. La Mutualité. — M. Gaucheron. Les Logements insalubres. — Ch. Sustrac. Législation des Cabarets. — Albert Malaurie. La Saint-Barthélemy. — G. Meny. Les Bureaux de Placement en France. — P. Fabre. Le Concordat de 1801. — J. Challe. Le Contrat de travail. — G. Meny. Le Placement des ouvriers à l'Etranger. — A. Cornudet. Le Repos hebdomadaire. — Pierre Fabre. Le Kulturkampf. — E. Dupré la Tour. L'Alcoolisme. — M. Raillard. La Caisse rurale Raiffeisen. — M. Gaucheron. Le Logement ouvrier. Moyens de l'améliorer. — M. Destandres. Jardins ouvriers.

---

*Adresser toutes les demandes, avec mandat de paiement à l'***Administrateur du Sillon**, 34, boulevard Raspail, Paris VIIe.

Documents manquants (pages, cahiers...)

NF Z 43-120-13

www.ingramcontent.com/pod-product-compliance
Lightning Source LLC
LaVergne TN
LVHW020436230826
846091LV00004B/1516

* 9 7 8 2 0 1 1 9 2 7 5 7 6 *